# LOUIS-FERDINAND CÉLINE

# L'ÉCOLE DES
# CADAVRES

**LOUIS-FERDINAND CÉLINE**

L'ÉCOLE DES CADAVRES

Première édition 1938, éditions Denoël, 19, rue Amélie, Paris.

Publié par

**OMNIA VERITAS LTD**

www.omnia-veritas.com

Préface de l'édition de 1942 ............ 7
Les Journaux ............ 80
Réminiscences amusantes. ............ 99
Actualités amusantes : ............ 100
*De Profundis.* ............ 225
DÉJÀ ............ 241
DERNIÈRES NOUVELLES ............ 242
BOUQUET ............ 243
TOUT EST DIT ............ 244

## PRÉFACE DE L'ÉDITION DE 1942

L'eau a passé sous les ponts depuis la sortie de ce livre ! Le monde a changé de visage. Encore quelques mois, quelques ans et l'on racontera des histoires qui n'auront plus ni queues ni têtes, personne ne se souviendra plus. Les témoins authentiques seront morts ou gâteux, ou enrôlés ailleurs.

Tuer sous silence ou broderie, telle est la grande œuvre du Temps, je me méfie. Ah ! ce métier je le connais, je suis Temps moi-même à mes heures ! Tout passionné de broderies ! De là si défiant, susceptible.

Juste là donc deux trois mots avant l'oubli, sur les caractères, les façons, les petits mérites de ce livre.

1° Imprimé sous Daladier.

2° Il fit condamner son auteur le 21 juin 1939 sur plainte de M. Rouquès qui s'y trouvait diffamé. M. Rouquès, chirurgien du Syndicat des métaux et des Brigades Internationales.

La parution de l'*École* ne fit aucun bruit — silence total, scrupuleux de toute la presse française — y compris la pacifiste, l'antisémite, la franco-allemande, etc., etc., pas un écho, pas une ligne, le frigo intégral, la pétoche totale, le désaveu absolu. Raisons de ce hoquet unanime : l'*École* était le seul texte à l'époque (journal ou livre) à la fois et en même temps : antisémite, raciste, collaborateur (avant l'heure) jusqu'à l'alliance militaire immédiate, anti-anglais, antimaçon et présageant la catastrophe absolue en cas de conflit.

Souvenons-nous qu'il était possible, toléré sous Blum d'être ceci ou cela, mais pas tout à la fois et en même temps. Tout le morceau ! On vous tolérait en somme d'avoir l'air de... mais toujours avec une petite réserve, un recours, un caleçon — à votre choix.

Si vous étiez antisémite alors s'il vous plait en même temps antiraciste ! à la bonne heure ! Le coup nul !... Si vous étiez rapprochiste, alors, je vous prie, en même temps pro-anglais ! Bravo ! Antiguerre, soit si vous voulez ! mais conférencier en loge ! La compensation ! Toujours un petit crochet au cul pour respecter la morale, les convenances, le bon ton, la Patrie, et en définitif le juif !... Sauver l'essentiel !... Toutes les rigolades du caméléon !

Ce livre eut donc le mérite d'être rejeté par toute la presse française (y compris l'antisémite), en totalité, au titre d'ordure totale, obscénité qu'il convient de traiter avec pincettes et par le silence.

Je fus lu tout de même par le parquet et les gens de *l'Humanité*. À moi la Correctionnelle ! Le jour de l'audience, même très remarquable discrétion de toute la presse française — y compris l'antisémite, la pacifiste, la pro-allemande, etc. — N'étaient présents à la 12$^{\text{ème}}$ en fait d'avocats et de journalistes que ceux de *l'Humanité*, du *Popu*, de *la Lumière*, etc., etc., mais alors ! en foule !

De mon bord, personne ne me connaissait plus. La Bête puante souille les meilleures causes...

À la première audition, admirable plaidoirie de notre vaillant Saudemont, puis au jugement trois mois plus tard (quel temps pour se renseigner !) n'assistaient que Denoël et moi forcément, Mlles Canavaggia, Marie et Renée, nos bons amis Bernardini, Montandon (et son parapluie), Bonvilliers, et notre excellent Tschann le libraire, et Mlle Almanzor.

C'est tout — c'est peu pour une aussi grande ville, en d'autres temps plus spontanée, plus facilement éprise des causes d'aventure et perdues.

Le juif avait passé par là, l'âme était froide. Voici les faits.

L'autre jour je déambulais comme ça, tout pensif, le long du halage entre la Jatte et Courbevoie, je songeais à des petites choses, j'avais des ennuis... J'allais pas me noyer, bien sûr... mais quand même j'étais tracassé, je ne trouvais pas la solution.

La vie n'est pas drôle tous les jours.

Je regarde un peu les alentours, je vois une péniche en pleine vase, renversée dessus-dessous, gisante, ça faisait comme une sorte d'estacade... et puis un petit treuil, pendentif, qui remuait tout seul...

Je regarde encore un peu loin... J'aperçois là-bas une sirène qui barbotait entre deux eaux, bourbeuses alors, très infectes... une fange pleine de bulles... J'en étais gêné pour elle... Je fis semblant de ne pas la voir... Je m'éloignai délicatement...

— Yop! Eh! dis donc! Hop! Ferdinand! Tu dis plus bonjour folichon! Grand tordu! Crâneur malpoli! Où c'est que tu te précipites?...

Je la connaissais comme sirène, cette effrontée, je l'avais déjà rencontrée assez souvent, dans des circonstances délicates, en des estuaires bien différents, à d'autres moments de la vie, de Copenhague au Saint-Laurent, là-bas, toute éperdue, toute effrénée de mousse, de joie, de jeunesse, vertigineuse dans les embruns. Cette déchéance me bouleversait bien sûr... Comme ça dans la Seine... si poisseuse, si égoutière...

— Où courez-vous ainsi songeur? Belle bite!... qu'elle m'interpelle.

Je la connaissais intrigante... elle était devenue bien grossière, dans les parages... Je la regarde alors de tout près. Quel pauvre visage!

— Tu me trouves vilaine à présent ? Affreux toi-même ! Allez ! Embrasse-moi ! J'étais bien forcé, ça sentait les huiles... je m'excuse...

— Tu vas être grand-père ! qu'elle m'annonce.

Elle s'esclaffe la garce. Elle savait tout cette bouseuse, tous les ragots, les bignoleries de la région.

— T'es bien renseignée, chère morue ! que je lui réponds, tac au tac. Indiscrète ! effrontée ! Tu t'es mis du vert ce matin ?...

— Du vert ! du vert !... cadavre vous-même ! Vieux croulant coquin putassier ! Vieux raté ! Ça te vexe hein grand-père ? que je te dise ! Vieux trousseur ! ravageur de pertes ! Honteux ! Honteux prostateux ! Mangefoutre !

— Ah ! que je lui dis. Navrante ordure ! Fleur de fosse ! vidangière ! je vais vous abolir ! insolente !

Un petit peu plus, je sautais dessus, je lui arrachais les écailles ! C'était fini les amours !... y avait vingt ans de trop entre nous pour l'ensorcellerie... On allait drôlement se peigner comme ça dans la vase des berges. Ça devenait odieux. Je fis l'effort pour être aimable, je voulais m'éloigner sans haine... Et puis la colère m'emporta.

— Je m'en vais à la mer, moi ! pas fraîche ! que j'annonce du coup tout crâneur. Je m'en vais aux ondes pures ! moi !... Barbaque d'épandage !

— Comment que t'as dit hein ? Barbaque ? Que tu m'insultes oublieux ? Navrante âme d'étron ! Répète un peu, que je te noye ! Pipi ! T'iras comme les autres à la mer ? oui, comme tous les chiens crevés du monde ? Enflure !

— Ça va ! que je lui réponds ! Barre voyoute ! T'es blèche, t'es triviale ! Tu cocotes ! T'as pas volé ta pénitence ! Je le verrai Neptune ! J'y dirai ! J'ai un condé avec sa fille ! La sirène du Point du jour ! Ça te viole hein ? T'as pas volé ta pénitence ! Je répète !

— Pénitence ! Pénitence !

— Oui ! Harangière !

— Hareng !? Hareng ?... que tu oses ?...

C'était pour elle le mot atroce « Hareng »... Ah ! elle en suffoquait ! hoquetait dans les bourbes, d'indignation, de furie.

— Hareng ! Hareng !... ça lui remontait.

— Attends Attends ! que je te dise toi ! Fruit de la Mer ! T'es en l'air ! Vieux gaz ! Plumet ! Baudruche ! Bulle ! Je suis pourrie que tu dis moi ! Culotté fretin ! Tâte-moi, tiens les miches ! dis donc ! Les rondins ! Mords ! C'est y du soupir qui me réchauffe ? Hein ?... C'est y de la blague à tabac ? Oui ? Suce ! Chétif !

C'était justement bien exact, elle était dure de partout.

— Et puis tu sais, qu'elle ajoute — elle se frappe alors très brutalement, elle se malmène à grandes claques les flancs, le poitrail tout luisant — ça sonne ! Tout ça c'est de la méchanceté ! Écoute ! C'est solide ! C'est pas du semblant ! Ça tient ! T'y feras le bonjour à Neptune !

Elle se marrait que je me déconcerte. Il lui manquait deux, trois dents...

Et la voix qu'était prise en rogomme, terrible...

— C'est les distilleries, qu'elle m'explique, ça me couvre l'organe. J'en ai quatre les unes dans les autres devant Levallois... après le pont...

— T'es bien par ici ?

— Ça te regarde ?

— Je te demande ?...

— Et toi, t'es beau comme tu te conduis ? Y avait encore de la rogne.

— Moi, je me conduis comme je veux... Je suis libre...

— T'es libre... T'es libre... pas longtemps...

— Conduis... Conduis... Ça serait à voir !...

— Mais tu sais rien ! Hé prétentieux !...

— Toi tu sais que les ragots pourris... ça qui vient traîner dans tes cloaques !

— Oui... Oui... fangeux bien vous-même !... Ça va pas durer toujours !... bel arrogant ! on va vous relever les allures !... On va vous couper les gazouillis !... Merle jaune, vous allez rire blanc, l'une de ces aurores !...

— Comment ?... Comment ?...

— Vous oserez même pas m'entendre. Vous êtes, il semble à vos dégaines, encore plus lâche que pourri.

— Tu dis ?... Tu dis ?...

— Que t'as donc fais dis à Clichy ?

— Comment ? Comment ?...

— Je sais tout... Et bien plus encore ! Davantage !... Dis-le donc que je te fais peur !...

— Moi peur ?... Infecte, ivrogne des fanges ! Mais je t'écoute voluptueusement ! Viens, arrive avec tes gangrènes.

— Que c'est lui qu'a dit... hi ! hi !... hi !... Que c'est elle qu'a vu... hue !... hue ! hue !...

— Ah ! Ah !... J'aurais jamais cru...

— Que c'est elle qui...

— Oh ! Oh ! Oh ! C'est vraiment trop beau !...

— Et que toi ! exact !... Oui ! Oui ! Oui !...

— C'est inouï !

— Et que tout enivré t'as... t'as... t'as... Comme ça qu'il a dit ! qu'elle a dit... qu'ils ont dit !... que si... si... que ça... que... que... si... si... qu'à... qu'à... voilà !...

— Non ? Non ? Non ?

— Si ! Si ! Si ! Donc !

— Vraiment c'est miraculeux !

— Toutes ?

— Oui ! Une, deux... dix... douze, quatre-vingt-douze !

— Tous ?

— Fermement ! sûr et certain !

— Ça va mal !

— T'es plus abject encore que tu le pensais ?

— Impossible !

— T'as plus du tout rien à dire ?

— Passe-moi donc l'encre de la Seine... Tu vas voir comment j'ai à dire... comme je me la trempe la bite dans du vitriol ! Si ça va fulminer, embraser, crépiter la supplique ! que j'aurai jamais pire foutu qu'au moment qu'on me pisse au cul ! Mords crevasse ! Amène-moi quelque étron solide, tout près là !... Quelque Kaminsky au hasard ! que je trempe ma plume dare-dare... que je l'humecte... Maintenant dévergonderie !... retourne à tes gogs ! t'es sortie pour rien... Immerge !

— Pour rien ? Pour rien ? Ferdinand ! Je te baise !

— Vire ! foi de grand-père ! Je t'encule vive !...

Pllouf !... Pllouf !... Une immense éclaboussure, elle était déjà plongée. Elle voguait là-bas... très loin... tout de même bien tentante, la damnée chérie...

J'en avais bien écrit cent pages de ma supplique, venues tout d'un trait, je l'affirme, absolument de première verve, quand je fus saisi par le doute... Une sorte d'accablement...

« Tu verses dans la haine Ferdinand !... Tu vas te mettre dans tous les états... Tu vas te cailler pour des nèfles... Tu vas t'abréger l'existence... Laisse courir... C'est perdu d'avance... Tu peux pas avoir plus d'ennemis ! Des plus sournois, des plus tantes, des plus méticuleux, plus assassins, plus occultes, plus implacables, plus énormes, mieux outillés, mieux renseignés, plus frénétiques, des hésite-absolument-devant-rien-pourassouvir-la-vengeance, le plus vicieusement, le plus cruellement possible ?... Alors ? T'es pas satisfait ? Comblé ? Gâté ?... » J'allais peut-être bien me rendre à ces douloureuses raisons, lorsqu'une lettre me parvint, par messager, exprès, urgente, anonyme et, ma foi, « très personnelle »...

Je pensais d'abord à quelque malheur survenu... quelque catastrophe... le pot-aux-roses découvert !... la vilaine histoire... Et puis non !... Et puis pas du tout ! Un simple rappel... une bagatelle... quelques incartades (authentique !) d'un véritable petit vilain...

« À Céline le dégueulasse.

« Figure d'enculé, ton bouquin de salope j'en ai lu quelques passages. Il ne m'a pas étonné d'une ordure comme toi. Mais sache que *les Youpins te chient dans la gueule* et y pissent ensuite pour bien faire dégouliner.

« Les Youtres te déplaquent dans le trou du cul et si tu veux te faire enculer, tu n'as qu'à nous avertir.

« Pour ta soif, si tu as soif, il y a du foutre bien chaud pour ta gueule de fumier, tu pourras te régaler les badigoinces. Tu prendras ça pour de la crème. Il y a des vicelards qui baisent des gonzesses et bouffent leur foutre après. Toi le *Saling* tu dois être comme eux. Tout ce qui est dégueulasse, tu aimes ça ! la merde, la pisse, le foutre. Comme dit la chanson :

« manger de la merde, boire du pipi, c'est le meilleur moyen de ne jamais crever de faim. Ça doit être ton principe. Les Youtres *t'enculent*, te *pissent* et te chient dans *ton sale groin de cochon puant*. Un con comme tes zigues s'il y avait une couronne à prendre on te sacrerait illico *Roi des cons*.

« Mais un petit conseil, fais gafouille à ta fraise, car un de ces quatre on pourrait bien rigoler.

« Et puis nous fais pas gonfler le bid avec tes cons de bouquins.

« J'ai lu quelques passages de *Bagatelles pour un massacre* à la devanture d'un libraire, parce que ça m'aurait fait chier d'acheter un de tes bouquins pour t'engraisser.

« En France, il y a eu Villon, Verlaine, Rimbaud qui étaient des mecs pas propres *mais plus intéressants que toi*. Ils avaient du mérite, *ils écrivaient en bon français*.

« Quant à toi, qui veut jouer les affranchis et qui ne l'est pas du tout, tu as l'air d'un con.

« Maintenant sache que moi, Juif, je n'irai pas *me faire casser la gueule à la guerre* pour m'entendre traiter de sale youtre et pour qu'un con comme ta gueule dise qu'ils n'y ont eu que 1300 tués pendant la dernière guerre.

« Et puis s'il y avait eu que 1300 tués, ça prouverait que les youtres *sont plus vernis que les chrétiens*. Et qu'ils n'étaient pas planqués, puisque beaucoup étaient dans la *Légion*.

« Au revoir, dégueulasse.

« SALVADOR, Juif.

« Si les Juifs sont circoncis, ils n'ont pas à en avoir honte. Ça leur permet, au contraire, de ne pas attraper *la vérole*. Ils peuvent bien se nettoyer. D'ailleurs, il y a pas de vérolés chez les Juifs, ou très peu. Les Youpins n'ont pas des bites de chiens qui puent. »

Ah ! Il ne m'aime que trop, ce Salvador ! C'est l'évidence ! La ferveur l'égare ! Il ne sait plus comment m'étreindre ! me posséder davantage ! Ah ! l'avide ! Ah ! l'éperdu ! Mon Dieu ! comme il s'y prend mal ! Il me froisse, il m'agace, il ne m'excite pas ! La passion le rend impossible. Salvador râlant d'idiotie ! Furieux ? mais tant mieux ! Que diantre !... Jamais trop furieux juste ciel ! Tout effrayant de fureur ! quelle chance ! Mais d'abord de grâce, qu'il me lise Salvador ! le prudent crayon à la main ! Qu'il m'épelle, qu'il tente de m'ânonner ! Avant de se lancer tout seul ! Qu'il me décalque gentiment ! Attendrissant de patience ! Qu'il me lèche sur tous les pourtours, qu'il m'onguente les rudiments de la violence, dévotieux ! Délicatesses des prémisses ! Fragilités impératives ! Salvador, vous me bouzillez !

Cher ingrat fainéant ! Crapoteuse nature ! Drôle ! Brute pataugière, baveuse de traviole ! Rien de votre affaire ne gicle ! n'emporte, n'allègre ! Une lourde pitié d'ergoteries foireuses ! Votre boutique ! Obscène ! Ah, que les maîtres sont à plaindre qui ne font lever autour d'eux que de telles ivraies blêmes et fades !

Ah ! rançon de la décadence ! Ah ! que labourer de telles immensités de cancres devient bien avant l'agonie, bien avant l'oubli, la plus terrible des contritions, la plus âcre des pénitences, pour toutes nos vanités, faiblesses, brèves glorioles, orgueils secrets ou pavoisants !

Aucune dramatisation... Nous sommes pour ainsi dire en guerre... Pas besoin d'en rajouter, on y est dans la « reder des ders »... Nous sommes déjà dans la danse. On pourrait bien sûr me répondre « Que cela vous importe-t-il ? Vous qui serez exécuté dès la première heure ? Vous n'en souffrirez pas longtemps de la guerre. »

C'est exact, et c'est une chance. Crever n'est rien, le truc le plus humiliant, la vexation super-infecte, ça serait qu'on vous ressuscite, qu'on vous réincorpore dans une horde aussi funeste de transis furieux, damnés, pervertis cocus.

Je laisserais donc les choses courir, les circonstances s'aggraver, s'envenimer à lure-lure... Je n'en moufetterais d'une cédille, j'attendrais les issues fatales avec une dignité pépère, j'irais peut-être me blottir quelque part dans un fond de cave, pour mourir en tout dernier, pour voir bien d'abord crever tous les autres, bien jouir, combien j'avais raison...

Las ! même au tréfil des abîmes, sur le rebord des cataclysmes, y a encore des cons qui flamboyent, installent, se surpassent en mics-macs dévergondés. Les voilà qui se touchent, pervers, tout au vice, s'attrapent la canule de droite, de gauche et de travers dans des contorsions si infectes qu'on peut vraiment plus supporter. Tel quel. Ce sont les bardes fanfarons qui vous font sortir de vos gonds.

J'observerais la catastrophe, ses cheminements, ses perfidies, en résolue placidité, si tout le monde se tenait de même, mais il s'en faut ! Mais pas du tout ! Au contraire ! Putois ! Quelle pétulance ! Jamais les parties bavardes ne furent aussi divagantes ! Ce ne sont à travers l'espace, les câbles et les paragraphes que défis, clameurs, propos outrés, manifestes énormes, tumultes outrecuidants.

Tous les esprits forts de l'époque bardent, paradent, salvent, s'ébrouent, virevoltent, propagent. Les échos éclatent, c'est la foire des mots qui vrombit.

J'en connais moi une bonne douzaine de romanciers, gazetiers, colonnistes, échotiers fameux qui se targuent chaque semaine de l'avoir terrassée la Guerre, poignée, dissoute, résoute, tordue, confondue, foutrée de stances magnifiques, lui annulé tous les conflits, repoussé les pires procidences, de vigueurs terribles, saignantes, au terrible fond des entrailles ! par la seule force de leurs écrits ! l'argumentation stylistique, pulvérisante, magistique de leur dialectique du tonnerre de Dieu ! Ah ! C'est pas des piquettes mineures ces écrivains vertigoïdes révérés sensationnalissimes par les cénacles miroboyoutres : Les grandes agences tintamarres de la comploterie mondio-lévy-blum ! Ah ! que non ! Pardon ! Pfoui ! Raca ! Oultre ! Poultre ! Les arrogants ! Les simulants ! Les empétrouillés tartufieux miteux ergotoïdes gratouilleux chinois ! pas regardables du tout ! Que je les pique au forfait ! Ah ! que je vais les retourner ! Clamer leur honte tout net ici ! Présomptueux ! Sur tous les toits ! Comme je le pense ! Ces vantards m'ignominent ! Venteux à mort ! C'est trop de culot sans foudroyement ! Jamais ils n'ont rien enculé, reculé, basculé, masculé, rien du tout ! ces perruchelets paoniformes, pas la moindre miche boniche, la moindre complicature, désourcillé, rabiboché le plus frêle litige mitigieux ! Rien du tout ! Jamais ! miteux miraux ! Bobardiers laryngiques !

Les Furies de la guerre, râlantes, ravagières, se faribolent à perte d'enfer de tous vos émois crougnotteux ! de vos anathémismes en vesses.

Tâteurs de situations ! Chiasses ! Je m'enfulmine je l'avoue ! Je brouille ! Je bouille ! Je taratabule plein mon réchaud ! Je fugue ! Je m'époumone ! J'essouffle ! J'éructe cent mille vapeurs ! J'outrepasse le convenant branle ! Tout beau gracieux ! Mes gigolets ! Torves rapaces ! Violes fugaces ! Trompeuseries ! Je vous gafe depuis lurette au dépourvu... Je vous vois filtrer, chancres échus, noires comploteries... Le cheveu ! Chignon ! Tout décalanche, emberlifique, le monstre écrabouille...

Je vais vous secouer les façons, je vais vous curer l'ambition ! Velus chenilleux stratagèmes ! La Paix ? La Paix ? Paix donc vous-mêmes ! Je sais bien à coups de placets, ce que vous allez perpétants, troufignoliser, ourdir, sinueux, en ces tréfonds âcres estranges... L'estouffatoire du Prix Nobel !... Occultatoirement ! Pardine ! Susurrants ruffians ! touchants frelons ! Bocaux ! Maquereaux ! Tirelire ! La gigantatoire gargamelle ! À vous ? Spermyramides ! Le boyautissime nougat ! La timbale Nobelle, colombelle, des suprêmes pacifieux concordants Génies ! Foultre ! Oultre ! Cinq-cent mille suaires au comptant ! dollardières espèces ! Je dis ! Pour qui l'escroque ! Dyname ! Détonne ! Je n'y dure ! Mite ! Fumières ! Mites ! Larves Je vous Zay ! J'explose ! Je me renvoie du plafond ! Je n'y puis ! Je n'y tiens ! Qu'y tenir moi ? Félonie ! Je vous saisis ! Mordez ce trafic, doublants juges ! gerbes bigleux, ragoteux, inanimes, que bullez-vous ? Calamitudes !

Déjà trop souvent qu'il a sauté de cordes en cordes Ferdinand ! cent et mille secousses ! Tondu ! Perclus ! Ne saute plus ! Ne tergiverse ! Caltez ! Tordus !...

C'est au tapin qu'il se propose, dispose, à présent Ferdinand ! compétent ! attend !

Oyez cartel ! Fienteuse Rivalerie ! Bourbilleux stylophores ! Ergotoplasmes des 82 000 paroisses ! Maisons culturiphages ! des 188 000 ghettos rédactorigènes ! Détergez-vous l'eschare ! Grignotez-vous la croûte et poignez-vous l'horrible ! Le jour de bander enfin nous arrive ! Qu'on nous oblige dans l'arène cette Paix toute chichitière ! À comparoître céans ! Qu'on la dépouille ! Déconcerte ! À poil ! Frivole catinière ! pimbèche tapinoise ! Et que chacun son tour, à sa chance l'affronte ! En lice !... Que le plus allégrant, incitant dandillant lui file céans deux doigts dans le trou du cul ! Qui dit mieux ? Trois ? Qui dit mieux ? Quatre ? Toute la poigne ? Il est vainqueur ! C'est enlevé ! Hurrah ! le fier troubadour ! Le Führer de la babilleuse ! Ah ! Paix ! Tu jouis ! enfin ! putasse ! Garce secrète ! Titilleuse ! Viceloque doubleuse ! À moi ! Nobel ! à plein pot ! Je m'aligne ! Cramponne ! Adonne ! Cocotte ! Tu montes ! Je t'envolerai galvaudière à plein troufignon de pécole ! Racole ! Ton oignon pourri ! Je t'en filerai mille colloques, ribotes, hymnes pacifieux, provocatiles, décalogogues, déconnogogues, , vétilles choisies, passe-temps, nouvelettes, romans terroireux, satires scintillantes, badines anicroches, odes équivoques, épigrammes fugitifs, Montyons panadeux, comédies reposantes, tragédies amusantes ! Tout ! que t'auras ma Paix ! pour toi ! Je t'aurai Trésor ! ma Paix Marmite ! Ma Paix Loterie ! Ce qu'il faudra ! Pourvu que tu reluises à point, me tombes dans l'actif, trébuches pantelante, pâmée Paix ! flageoles, digue-digue, éparpillée sur mes tendres os ! pluie d'or ! ondée miraculeuse ! dont enfin Denoël mon succube, ne tondera pas un fifrelin ! cornu sorcelleux ! C'est lui qui fera l'expert quand même, retors regardant, il saura bien si l'on m'arnaque, il s'y connaît en passes faisanes !

Si c'est pas moi, si c'est pas vous... Qui c'est donc qu'est le coupa-a-able ! Si c'est pas moi, si c'est pas vous... Qui c'est donc qu'a fait le coup !

Allons tout de suite au fond des choses. Les Démocraties veulent la guerre. Les Démocraties auront la guerre finalement. Démocratie = Masses aryennes domestiquées, rançonnées, vinaigrées, divisées, muflisées, ahuries par les Juifs au saccage, hypnotisées, dépersonnalisées, dressées aux haines absurdes, fratricides. Perclues, affolées par la propagande infernale youtre : Radio, Ciné, Presse, Loges, fripouillages électoraux, marxistes, socialistes, larocquistes, vingt-cinquième-heuristes, tout ce qu'il vous plaira, mais en définitive : conjuration juive, satrapie juive, tyrannie gangrenante juive.

Autant de diversions, paravents, maquillonnages puants, jalons, relais d'invasion des troupes juives, pénétrations, triomphes, jubilations des Juifs sur nos viandes, sur nos os, nos déchiquetages, nos culbutes aux charniers guerriers, révolutionnaires.

Combat d'espèces, implacable. Fourmis contre chenilles. Entreprise à mort... Toutes les armes sont bonnes. Juifs négroïdes contre Blancs. Rien de plus, rien de moins.

Depuis l'Égypte, même ritournelle. À votre bonne santé ! Le funambulesque fracas, abracadabrant, cyclopéen dont le monde actuel baratine implacablement, jour et nuit, sans rémission possible, constitue au premier chef l'arme juive par excellence, universelle, essentielle, admirable, contre notre système nerveux, une arme broyante très vulnérable de soumission, de désintégration intime, très bien trouvée pour nous abrutir. Le tam-tam éhonté, la tarabiscoterie, la vantardise trombonisée, obscène, la fébricitante bonimenterie, la charlaterie huileuse font du bien aux Juifs (nerfs de zinc). Ils s'y retrouvent dans leur élément naturel, la bacchanale hébraïque, le souk en folie. Le même régime d'exhibitionnisme simiesque nous dégrade, nous avilit, nous assomme, nous réduit très vite à la merci du Juif, par épuisement nerveux, nous annihile. Ce Juif gagne par le bruit tout ce que nous perdons de silence. En avant l'intimidation juive ! les conflits hurlés ! la politique, les angoisses de l'or, pour l'or, les propagandes dithyrambiques, les révolutions perpétuelles, décevantes toujours, les extases imposées, les haines entre Aryens sous tous prétextes, électoraux, religieux, sportifs, etc... Les catastrophes ranimés à délirantes cadences, rechutes paradoxales, suspens, d'autres crises toujours plus tragiques, l'épilepsie pour tous ! La raison du Goye à ce rythme de cabanon, la vinasse aidante, tôt vacille, trébuche, déraille, foirade, dégouline, renonce.

Après quelques années de ce démentiel régime, il n'est plus, le Goye, qu'un imbécile écho de toutes les volontés juives, décervelé par le chaos de ces fameuses cacophonies. Tout lui est bon pour se raccrocher, n'importe quel mot d'ordre pourri juif. Plus rien ne le dégoûte. Il agrippe, au petit bonheur, tout ce qu'il croit découvrir. Pour le noyé tout ce qui flotte devient miracle, le pire chien crevé. Le Goye plongé, tourbilloné dans le prodigieux, torrentiel, percutant carnaval juif a perdu tout discernement, et même toute velléité de discernement. Il ne réagit plus. Il ne se doute même plus qu'il n'existe plus. Il est trop minutieusement entrepris depuis l'école, depuis le lycée, depuis trop longtemps accaparé, robotisé, implacablement sonné, du berceau jusqu'à la tombe. Dès qu'il entr'ouvre un œil, qu'il prête la moindre oreille au plus furtif écho du monde, il ne s'attend plus à autre chose qu'à des vérités juives, des mots juifs, des couleurs juives, des rythmes juifs, des transes juives, des charabiateries juives, des croisades juives. Il est fixé comme un poisson dans sa friture. Ce qui n'est pas juif peut seul encore, par extraordinaire inversion, le mettre en état de rébellion, d'hostilité, tellement il est devenu juif, synthétiquement, par persuasion. Tout lui parvient toujours du monde extérieur, inexorablement, infailliblement, invinciblement juif. Il n'est plus que le somnambule des volontés juives. Il a tout perdu dans la vacarmerie juive, jusqu'à la velléité de se retrouver, de retrouver sa personne, son âme, sa volonté... Le Juif l'emmène où il veut, comme il veut.

Les Démocraties ne sont que les dominions de la Tintamarrerie ahurissante juive, prodigieux stratosphérique tambourinage et gigantesque accompagnement de notre appareil de torture et de servitude. Absolument irrésistible. Quels sont les patrons de ce cauchemar ? Les banques juives, la conjuration des rabbins, (avec ou sans héroïne), l'*Intelligence service*, (grande productrice de guerre et de révolutions), l'Angleterre judéocratique, la Cité, toute aux Juifs.

Mais ce serait trop beau vraiment que tout fonctionne toujours comme sur des roulettes !

Trop beau et trop monotone !

Le Grand Pouvoir juif sait se ménager quelques petites difficultés, quelques petits pépins. De-ci de-là, semés judicieusement. Sadisme ? Précautions préventives ? Jeu ? On ne sait jamais... Le Pouvoir juif est joueur impénitent, comme tout ce qui tient du Juif. Et puis provocateur en diable, et tortionnaire et mouchard et maçonnique. Ces dispositions vicieuses l'entraînent parfois un peu loin. Mais il a tôt fait de se redresser, de se rétablir triomphalement. Il risque, il ne perd jamais.

Pour le moment, en Allemagne, en Italie, en Russie, un peu partout à vrai dire, le Juif découvre une certaine résistance à sa volonté... Un certain Racisme aryen. Oh ! pas bien dangereux ! encore bien sporadique, fantaisiste, timide. Le péril est vague, on le fait mousser ! L'U.S.A., si parfaitement juive, possède encore 70 pour 100 de l'industrie mondiale ! Le Juif peut voir venir !... Il tient toute la caisse, toute l'industrie... Ça ira ! Aucun danger au fond ! Il est sûr de gagner ! Une sensation de plus, voilà tout ! Pour Barush, pour Bollack, pour Litvinof, pour Rothschild, un peu mieux que du Baccara ! C'est tout.

Et cinquante millions de cadavres aryens en perspective... Vraiment rien de bien sérieux.

Pour le moment... Du frisson peut-être... Au pire...

Mais toutefois la rébellion aryenne peut s'étendre... Ce n'est pas absolument exclu ! Voici même l'aléa très piquant ! hi ! hi ! Le divin affriolant risque... Stop ! Assez bafouillé, assez trifouillé les picrates ! Assez de « découvert » ! Cette pseudo révolte aryenne doit être écrasée, laminée, écrabouillée, anéantie effroyablement, avec dispositifs sensationnels de tortures, cruautés très inédites, d'un bout à l'autre de la Planète, une leçon cataclysmique ! pour cette plèbe indigène secoueuse de ferrures ! Assez ! Au charnier s'il vous plaît ! Une main décisive ! Que pas un seul de ces crasseux jacassiers cafouilleux ne soit repris de tarentule indépendante avant 2 000 ans ! Un massacre bien expiatoire, absolument expiatoire de tous hurluberlus d'opposition ! Plus de sursauts, de mutineries aryennes dans les bagnes juifs avant vingt siècles ! Que la guerre s'avance adorablement préventive, providentielle ! Après la bave, le sang. Une boucherie punitive dont on parlera dévotieusement, admirativement, extatiquement, dans les chaumières aryennes pendant 20 siècles encore.

Tous les prétextes seront valables, aucun ne sera détestable... N'importe lequel suffira pourvu qu'il emporte les masses aryennes fanatisées vers les gigantesques massacres, qu'il détermine sans réticences possibles l'extermination enragée des peuples les plus militaires d'Europe, ceux qui constituent encore, malgré tout, un petit danger pour les Juifs : les Allemands, les Français, les Serbes.

Tout de suite, que ceux-là s'entr'égorgent ! Qu'ils se débitent à pleins charniers ! jusqu'au dernier !

Qu'il n'en reste plus un debout. Tous amochés, tous saignés, alors le Juif sera tranquille pour préparer la prochaine.

Les Français veulent se donner l'impression qu'ils possèdent encore une mystique. D'où tant de discours. Ils n'ont plus de mystique. Ils n'ont plus que des mots. Les Français sont vides.

La République maçonnique française n'est plus qu'une carambouillerie électorale très dégueulasse, une fantastique entreprise de duperie pour Français naïfs, brimés, saignés, escroqués cent et mille fois plus cruellement par les Juifs internationaux qu'ils ne furent jamais pendant 18 siècles par le pouvoir monarchique absolu.

La République maçonnique dévergondée, dite française, entièrement à la merci des sociétés secrètes et des Banques juives, (Rothschild, Lazare, Baruch, etc...) entre en agonie. Gangrenée plus qu'il n'est possible, elle se décompose par scandales. Ce ne sont plus que lambeaux purulents dont le Juif et son chien franc-maçon arrachent malgré tout chaque jour encore quelques nouvelles gâteries, bribes cadavériques, s'en bâfrent, bombance ! prospèrent, jubilent, exultent, délirent de charogneries. Nous sommes parvenus de compromis en soumissions au stade pré-soviétique, stade frémissant, intensif, du Juif en complot, l'Heure de la Transe kabalique, où toute la youtrerie mondiale engage à fond toutes ses batteries, tous ses politiciens, toutes ses troupes militantes, journalistiques, bancaires à l'assaut des pouvoirs suprêmes, de toutes les commandes, de tous les échanges, prébendes, fauteuils, trafics, bénéfices, où l'on mate une bonne fois pour toutes l'indigène, lui rive à la mitraille, au sang, son carcan, toutes ses ferrures. L'orgueil juif commande ! les soviets partout ! En langage clair : domination juive 100 pour 100. Cavalcade du Juif à ciel ouvert.

Dépeçage, goinfrage de toutes les richesses de la Terre Promise, la nôtre ! conquise, asservie. Énorme partouze d'assassinats. Grands massacres d'indigènes bien crétinisés, saoulés, effondrés, au préalable, par le mondial, inimaginable, irrésistiblement hypnotique baratinage juif. Le Processus est infaillible.

Voir : Bela Kuhn – Hongrie : Rosenberg – Espagne ; Trotzky – Russie ; etc... Blum en France. Le programme éternel juif.

Pour ce qui concerne la France ostentation bien superflue puisque les Juifs possèdent déjà toute la puissance. Banques, Industries, Ministères, Commerce, Loges... Tous les leviers, tous les profits, tous les privilèges, toutes les immunités, toutes les cartes blanches. Simple surcroît de pavanerie négroïde. Afrovanité. Tam-tam. Cet État français judéo-maçonnique constitue bien la plus ignoble escroquerie du Patriotisme que l'on puisse rêver.

Nous sommes, Français de souche, asservis, brimés, opprimés, cocufiés, dépouillés, minimisés, ridiculisés, à chaud, à vif, autant qu'il se peut, admirablement, implacablement, frénétiquement, trahis il faut ajouter, minutieusement, perpétuellement, inlassablement, par nos frères de race arrivistes, les francs-maçons, chiens volontaires des Juifs, goinfreurs, en toutes poubelles, en tous déchets juifs, meute à la curée, à la ripaille de toutes les gangrènes d'agonie, éperdus au sifflet des juifs. Les loges détiennent tous les pouvoirs. Les Youtres n'ont qu'à se servir. Aucune résistance. Ils s'installent, exploitent, rançonnent en définitive où ils veulent, comme ils veulent, où leur caprice les chatouille. Ils nous enculent, si telle fredaine les anime, publiquement, très impunément. Auriez-vous rêvé d'un négrite Maître de l'Instruction Publique ? Vous l'avez. En voulez-vous un autre, maître de nos Colonies ? Vous l'avez ! Juste retour des choses ! Demain Président du Conseil, ordonnateur de nos abattoirs (Il le fut déjà). La Haute Juiverie s'amuse de savoir à quel point l'on peut nous avilir, nous faire ramper, avaler des couleuvres, des hontes, des glaviots.

Je trouve, pour ma part, que les Juifs n'en feront jamais assez. Je voudrais qu'il soit décrété une bonne fois, définitivement, que toutes les Grandes Écoles, les Grands Corps de l'État,

Académies, Polytechniques, Internats, Électorats, Hôpitaux, Radios, Théâtres subventionnés, Théâtres ordinaires, Banque de France, sont absolument réservés aux Juifs (comme en U.R.S.S.) strictement interdits aux Goyes. Dans la pratique évidemment, c'est déjà bien entendu. Mais enfin la chose n'est pas encore officielle et ça me choque. L'exclusive contre l'indigène doit être prononcée officiellement. Il est temps. Tout ce qui commande, tout ce qui émine, reluit, ordonne, enseigne doit être en France, à partir de ce jour, strictement juif. C'est tout. Ce serait absolument loyale constatation d'un état de fait qui crève les yeux. Ce décret officiellement pris, l'indigène se le tiendrait pour dit, plus de paroles, plus de démarches inutiles, il se cantonnerait strictement, une bonne fois pour toutes, dans les fonctions de son mérite, aux Abattoirs ou dans la merde.

Français autochtones, attention ! Vous n'êtes plus que 25 millions sur 40. Bientôt minorité... Avec tout ce qui s'ensuit...

Je ne vais pas rabâcher, tout ceci est raconté par les Juifs eux-mêmes, depuis le Talmud, en de nombreux, copieux ouvrages, que certains Aryens, trop rares, se sont donné la peine de lire, d'analyser, de résumer pour vous. J'ose me citer : *Bagatelles pour un Massacre* vous renseignera, je crois, assez bien sur l'importance de la question, son actualité, ce qui nous attend. Tout cela est écrit. Je n'ai rien découvert. Aucune prétention. Simple vulgarisation, virulente, stylisée. La judéologie est une science, l'étude de la maladie juive du monde, du métissage aryano-juif, de la mosaïque mandelienne, de la cancérisation mandelienne du monde actuel. Déconnage ? Jeux de mots ? Anathèmes délirants ? Non. Très authentiquement cancer, néoplasies, créées, provoquées comme toutes les néoplasies, par hybridations excessives, croisements forcenés, imbéciles, désastreux, anarchie cellulaires, déclenchées par fécondations dégradantes, absurdes, monstrueuses.

Tout ceci est à l'étude. Nous aurons peut-être la surprise, (si les blancs existent encore) de reconnaître dans quelques années que tous nos cancers, néo-formations gangreneuses, sociales et même chirurgicales procédaient toutes de la même origine, du même vice génétique : la dépravation antiraciale, la bâtarderie systématique, la forniquerie à toute berzingue, antiaryenne, l'avilissement des souches aryennes par apports négroïdes, absurdes, enfin tout l'enragé processus d'anéantissement aryen par contamination afro-asiatique, toute la prostitution raciale à laquelle nous astreignent, acharnés à nous dissoudre, les Loges du monde entier, les Juifs de tous les Grands Orients, sous couvert d'Humanitarisme. Francs-maçons, crétinoïdes larbins arrivistes des laboratoires Kabalistes. Laboratoires Kabalistes où l'on ne pense qu'à notre torture, à notre anéantissement par servitude, enculage, marxisme confusionniste.

Judéologie, science très hermétique, très antique (de Moïse à l'*Intelligence Service*, par le Talmud et les Évangiles). Science tarabiscotée, fuyante, farceuse, tragique, contradictoire, traîtresse. Crevasse du vieil Enfer, (qu'il faudra bien combler un jour ou périr tous) où l'on ne s'aventure que bardé de tous les culots, roueries, vaillances, défiances, crans d'arrêts éclairs, alibis, subterfuges chromés… Les plus opaques dominos ne vous serviront pas à grand'chose. Ils auront tôt fait de vous perdre où vous vous aventurez… Allez-y plutôt carrément. L'ennemi est prodigieusement averti, multiforme, jamais endormi, d'une vigilance atroce, c'est le Diable ! Dix mille fois sur vos gardes ! Tout Juif est un préposé de l'or du Diable ! Grand ou petit Juif ! aucune distinction !

Qui bronche, trébuche, culbute au gouffre. Sans raccrochage possible. Et c'est bien fait. Écrabouillerie très piteuse. Marmelade dans l'Aventure, grotesque.

Certains judéologues possèdent leur science à fond, sur le bout des doigts, les rudiments, l'Histoire des Juifs, du complot juif depuis l'Ethnologie, la Biologie du Juif. Leurs travaux sont célèbres, incontestés, fondamentaux. Tous les Aryens devraient avoir lu Drummont [sic], Plus actuels : De Vries, De Poncins, Sombart, Stanley, Chamberlain ; plus près : Montandon, Darquier de Pellepoix, Boissel, H. R. Petit, Dasté[1], H. Coston,

---

[1] Nous recommandons la lecture du livre admirable de Dasté : *Marie-Antoinette et le complot maçonnique*. (Réédité par Omnia Veritas Ltd)

des Essards, Alex, Santo, etc… Vous trouverez une bibliographie française très acha-landée au Centre Documentaire, 10 rue d'Argenteuil, au Rassemblement anti-juif, 12 rue Laugier. Quelques journaux, périodiques, suivent le Juif d'assez près. Contemporainement : *la France enchaînée, la Libre Parole, Je suis partout, l'Action Française*, certains jours… *Gringoire* assez timidement, certaines semaines, et puis c'est tout… Le reste, tout le reste de la presse française n'est que juiverie déchaînée, vociférante, haletante, frénétique, racissime, Intransigeante, Parisoiresque, cancérissime. Il serait temps peut-être que les Aryens, vendus ou non, qui ne désirent pas absolument crever dans l'inconscience au cours des prochaines hécatombes, se documentent un petit peu sur les raisons profondes de leur propre massacre. Il serait merveilleux aussi, mais c'est déjà rêver, que le prolétariat cesse d'idolâtrer, ne serait-ce que l'espace d'une grève, les vendus pourris, domestiques de gueule ou de plume qui lui servent d'oracles et se demande un peu d'où ils tiennent, ces devins, leurs vérités ? leurs mots d'ordre ? Ceci en tout bien, tout honneur, juste une petite minute avant que tout soit dit, que le déluge tout engloutisse.

Et notre bourgeoisie ? si par miracle elle pouvait cesser tout un mois de se surmener la tripe, de travailler du foie gras, de ramper dans les indigestions, qu'on la retrouve en train de réfléchir, enfin, à autre chose qu'à son ventre (le bourgeois chie, il a faim, c'est tout), elle éprouverait peut-être une petite surprise de se reconnaître aussi effrénément trahie par ses larbins-écrivains attitrés. C'est à qui de droite gentdelettre, plaquera, désertera plus vite la mangeoire menacée, ira, le plus dévotieusement, se faire mettre à gauche, virevolte ! désinvolte ! en pleine démagogie juive ! Le bourgeois, tout en côlon, si mufle, si fécal, si vil ne s'aperçoit même pas que ses larbins de classe, de plume, le sèment, se disposent à gigoter, à bambouler éperdument autour du bûcher révolutionnaire, pendant qu'il grésillera… c'est la panique générale des larbins de plume à moins cinq, l'exode en masse vers la démagogie renforcée, le communisme bienséant, le nouveau conformisme ouvrier christiano-litvinovnien ! Une affaire ! On se place, on se case, on se loge passionnément. C'est la panique au compromis, à moins cinq.

L'ignominie, la bassesse alimentaire, la goujaterie de tout ce monde, maîtres et valets mélangés ne dégoûte plus personne, ni déserteurs, ni désertés, ni spectateurs, le chien suit la pâtée, voilà tout. Personne n'est plus conscient, tout le monde est insensible à force de pourrir, comme la viande trop avancée ne souffre plus d'aucune entaille. Tout est dit.

Maîtres et valets s'en vont en gangrène, conjointement, les uns dans les autres, en fange, en mélasse, sans qu'une seule fibre plus ne réagisse. Trahis et traîtres, charognes de même, amalgamés, confondus.

Pour conclure, procurez-vous les livres des auteurs anti-juifs que je vous signale — vous ne regretterez pas vos 5, 10 ou 15 francs. — Vous ferez vivre ces vaillants, les seuls dans le monde actuel qui défendent encore votre peau, votre race, votre liberté. Faites une économie sur votre apéritif. Vous vous ferez du bien deux fois. Ayant retenu l'essentiel de ces deux ouvrages, vous en saurez autant que moi sur la question juive. Ce n'est pas très difficile. Érudition peu coûteuse. Les abrutis vociférants du marxisme apprennent bien des chapitres entiers de théologie communiste avec slogans judéo-crétins-suicidaires par cœur... et voyez comme ils triomphent ! Vous triompherez aussi, un moment avant votre mort. C'est toujours un résultat, une coquetterie.

De Moscou-la-Torture à Washington-Pétrole par Londres la Gavée, toute la juiverie franc-maçonne, journaleuse, bancaire, policière, artistique, salonneuse, trépigne, s'indigne, fulmine, vitupère. Qu'est-ce qu'ils attendent ? Mais qu'est-ce qu'ils branlent ces tortilleux ? Paris-tout-du-sacrifice ? pour la déclarer cette bonne guéguerre ? C'est une vraie honte ! Alors ? merde ! Y a plus d'amour ! Bétail mijaureux, capricieux, trouillard ! Des soupçons ? Des questions ? Depuis quand le Français-tout-du-veau se permet-il des soupçons ? D'où prend-il cette impertinence ? Méfiance ? Des fois ? Ils se considèrent les membres tout d'un coup ? Voudrait-il les garder pour lui ? C'est un comble ! Ah ! D'entendre ces murmures pareils ? Il est fou la saloperie ? L'immonde récalcitre ? Et l'Honneur alors ? Le respect des Hypothèques ? Non ? Honneur avant tout ! Les barbaques de France-la-Doulce... les quarante cheptélisés, parfaitement stockés, gardiennés par le Juif, ça n'existe plus ? Maudissure ! Abats spéculés, répertoriés intégralement depuis 89 ! de Loges en Loges ! Découverts ! Recouverts ! Survendus ! vingt fois ! cent fois ! adjugés, bataillonnisés, cimetiérisés, par cent opérations éblouissantes, mille Traités de Convenants, discrets, hermétiques et solennels. Paris-la-Viande, renierait tout son passé de boucherie ? la plus expédiente, la plus amiable, la plus commode de toutes pour tous massacres aux enchères ? Impudique Francecaille ! Charogne mutine ! vous écroulerez au charnier avant toutes autres ! Vocation pour l'abattoir ! Toute l'histoire le prouve ! France crétine on vous arrangera aux petits obus ! Un plat triomphal de « rognons-canapés-cervelles » ! Servi infiniment chaud ! Que ça bondisse fainéasse ! Carcasses trembleuses ! à pleins dépôts ! Que tout ça rejaillisse ! fantastique ! irrésistible ! tout sang dehors ! Fleur au fusil ! Chrysanthème au fusil ! Blum au fusil ! qu'on vous admire à la vengeance, à la revanche enfin ! des déboires juifs, tout en furie, hallucinés, cramponnés, vampiriques à la glotte de ces boches atroces, monstres pogromistes ! N'est-ce point l'Héroïque programme, le rêve de tout franc patriote, franco-juif ? Quelle mouche vous pique ? Vous argutiez ? ergotez ? à présent ? casuistiquez ma parole ! comme des vrais Juifs ! Comble ! L'outrage des factieux ! Leur vergogne ! Sautez ! Valsez ! Foncez dans la danse ! Qu'on vous admire ! Qu'on vous retrouve ! Enfin ! Qu'on vous rende l'estime ! Frimands torves Aryens ! 25 siècles de Juiverie vous contemplent sur le point de vous éventrer conjointement, une fois de plus, au commandement juif ! Qu'attendez-vous France-la-Libérale, (toujours libérale depuis la maçonnerie 93) France-la-Joyeuse, l'insouciante-des-bidoches pour charger dare-dare du poitrail ? Pardon ? Plus haut ! Que l'on vous redécore ? Paris tout de la Villette ! À force de fluctuat vous finirez bien par merdgiturer ! Qu'attendez-vous Français pleins d'entrailles ! pour vous faire résoudre en "delikatessen" ?... transplacer tout chauds les vitaux organes ? Mouler hémorragiques en Victoires-rillettes ? Répartir en infinies Tranchées-saucisses ? Chairs à barrages ? Tampons à tanks ? L'on jase, l'on s'indigne un peu, laissez-moi vous dire, dans tous les ghettos de vous voir comme ça chipoter. Les amis de toujours de la « Vrance libérale » ne vous reconnaissent plus ! Vont-ils vous renier ? Trois fois ? Que l'on nous fasse revenir Jeanne d'Arc ! pour sauver Blum ! Bayard pour sauver Rothschild ! Barrès pour sauver Litvinov ! Nom de Dieu ! mais qu'on en sorte ! Et vive Benesh ! Vive Déroulède ! Vive Dreyfus ! Que le ministre insiste, Jean Zay, chez lui, chez elle !

Que nous sommes ingrats ! Plus d'enthousiasme au péritoine ? Pitié ! Ô crapules évasives ! Allez-vous répondre à vos frères démocrates ? à vos messies chéris ? Français rebuts ! Faut-il vous envoyer encore deux millions de Juifs surgis des fonds rouméliens où ils endurent là-bas, sachez-le bien, par votre couardise, cent mille martyres ! Forcément ! Faut pas les prendre pour des Sudètes les si émouvants martyrs juifs ! ne jamais confondre ! En plus, bien entendu, des deux millions et demi que vous avez déjà reçus depuis 1914, admirablement adoptés, gobergés, engraissés, resplendis sur vos pitances ? Faudra-t-il en arriver à ces mesures d'extrême inflation pour vous redonner le cran, l'essor, le goût des suprêmes sacrifices ? Ça vous émoustille pas quand même ? Toute exhorte vous laisse de glace ? Vous connaissez toutes les musiques, vous dites... Très bien ! Très bien ! Repos, mignons ! Patience gaudrioleurs polissons ! On vous repoissera au détour ! À qui sera le plus tante ! Patientez ! Tout hypothéqués que vous êtes ! Gigotez, mirmidons ! pour des prunes contre le sort inévitable, laissez-moi bien vous prévenir qu'en la fatale suprême croisade vous crèverez cent pour cent malgré tout ! L'Antifasciste Youpignolle ! la plus monstrueuse hécatombe gigantique libératrice que le monde aura jamais vue. On s'occupe de vous, les bûchers se rapprochent, les bourreaux sont aux torches de Palestine au Kamtchatka, de Barcelone à Dantzig.

Mille et mille incendies vous dis-je, à comburer la terre entière, qu'il n'en restera plus que scories innommables. La mère des Serbes n'est pas morte, elle a parsemé l'Europe de ses petits, de mille conflits qui ne demandent qu'à crépiter (en plus des Sudètes). Vous m'en direz des nouvelles ! L'on vous goupille, en ténèbres, les plus adroites, imparables surprises provocatrices.

Jamais, je le répète, ici, là-bas, partout, nos avenues ne grouillèrent de plus de rats juifs, plus déterminés. Toutes les ruines sont préparées. À nous les charniers à centuple fond !

À ciel ouvert ! propagande et mille fois propagande youtre ! Lyrisme de patriotisme, susceptibilité nationale. L'honneur partout ! Traités partout ! Prestidigitation juive partout ! harangue universelle ! Fausses nouvelles.

Aucune lutte possible pour la conversation de vos précaires abatis ! Renoncez ! Tous les Aryens au suicide ! Rien à tenter ! Rien à chiquer ! Rien à soustraire ! Tout l'or du monde ça vous possède des oreilles ! une démagogie des prédicateurs, des meneurs, des gueules, des gendarmes, plus grands, plus forts, bien plus irrésistibles que toutes vos miteuses si puériles raisons aryennes de ne point crever en massacre ! Et alors ? Les jeux sont faits ! depuis 93 ! Des nœuds coulants, garrots impeccables sont prêts pour toutes les encolures, les plus rétives. Elles y passeront toutes d'enthousiasme, estourbies sans un souffle de révolte, les plus ronchonneurs s'en feront périr délicieusement au vice.

Les maçons entraîneront... ces aides du bourreau, les petits grouillots à Samson...

Vous n'avez encore rien vu, rien goûté, rien appris ! Lanturlu ! Les premières semaines en croix sont les plus douloureuses ! Après on hurle pour le plaisir. C'est la Madelon ! Tchécoslovaquie, Nom de Dieu ! Prague ! (Miss Martyr 38). C'est loupé, mais on reprendra sur l'Espagne. Tous les Juifs dans nos boulots, innombrables après la prochaine, tous les cousins, tous les chacals à trépigner vos cimetières, à chier dans vos lits, enculer vos fils ! Ça va ! Ça ira ! Chantons la Youpipignolle ! Personne ne frémit dans les rangs ! Brutes ! Rebuts ! Croulantes carnes bordelleuses. Plus rien dans la culotte ? Ah ! vous ne valez pas la crotte de vos fiers aînés de 14 ! Ils n'ont pas chipoté vingt ans ceux-là, chéris des nécropoles ! pour s'apporter, torses brandis, fous d'ivresse offensive, transluminants de vaillance à travers glacis, redoutes, torrents de mitraille, à Charleroi ! Ils n'ont fait qu'un saut dans la Mort. Leur jeunesse ne fut qu'un tremplin. Vlouf ! Cinq cent vingt mille cadavres en une semaine. C'est beau ! Voilà de l'Épopée ! Ferez-vous mieux ? Tout est là ! Pour la vertu de la petite garde-barrière belge ! Honneur bien vengé ! Miséricorde ! Travail de Juif ! admirablement embouti, ajusté, soudé, goupillé, minuté. De la Synagogue aux rafales des Flandres ! Et vive Barmat ! Vive Vandervelde ! Vive Huysmans ! Vivent tous ceux qui recommencent ! Écœurants cons ! La petite Tchécoslovaquie (de l'*Intelligence Service*) tout aussi méritante et vertueuse que la petite Serbie (de l'*Intelligence Service* aussi) ne supportera pas plus que sa sœur en pureté ce viol trop canaille. C'est pesé. L'on vous réclamera par millions, branquignols ! pour ce fantastique pucelage ! Tenez-le-vous farouchement pour dit ! Tartufètes ! Des millions de parpaillots sont déjà crevés il y a pas tellement longtemps pour le pucelage (ou non) de la Vierge Marie. Rien de neuf ! France la Joyeuse-des-Carnages ! Lève ton sabot ! La valse commence ! Au son des youtrins ! Et des tambourins ! Démontre ta vaillance ! Va-t-en la faire la guéguerre ! La Fraternité du Juif ! Celte cocu, vendu, enculé, carambouillé ! t'appelle !

Sachons vaincre ! Sachons surtout périr !
Un Français doit crever pour Mandelle !

Pour Baruch tout Français doit mourir !
Le Kahal en chantant nous montre la carrière !
Catéchumènes marximalistes ! Flageolantes bourriques !
J'irai ! J'en veux ! Plein de versets pourris plein la gueule !
La Youtrerie gui-i-de nos pas !
Bien plus jaloux-oux de nous survivre
Que de partager nos cercueils !

Ainsi la chanson se termine dans la tripe en vrac.

Ah ! Comme ces personnes pensent à nous, à New-York ! Quelle sollicitude angoissée ! Ce que notre avenir les inquiète ! Quelle frénésie de nous voir, le plus vite possible, très bientôt, toute la franscaille ! barder en lignes ! Gaillardement à la pipe ! Sonnez olifants ! Frémissez drapeaux ! Rafalez tambours ! La route des Morts est splendide ! Pour nous, toutes les viandes ! espoirs-des-croisades-démocratiques ! nous avons tous les vœux d'encouragement ardents des quarante et huit États ! Voici des payes que je la pratique l'Amérique, dans les pires conditions, et les plus joyeuses, d'hystérie, d'ivrognerie, de déconnerie alternante, de gangsterie vaniteuse, de déconfiture, de dégonflerie, de braillage moralisateur. Jamais je ne l'avais trouvé si obscènement délirante que cet été, de fanatisme anti-quelque chose.

Il faut pourtant qu'ils s'en donnent, qu'ils se surpassent au prodige, les Américains, pour encore m'éberluer. On penserait avoir tout vu ! Pas du tout ! Cette fois on en reste rêveur, humblement bégayeur devant la léviathane infernale gigantesque proportion de l'actuelle bacchanale antifasciste américaine, la propagande américano-youtre belliciste, justicière, apostolique, croisadière, jusqu'au-boutiste, (avec nos gigots) furioso-démocratique, interventionniste éperdue, anti-fritz, anti tout ce qui pourrait empêcher notre européenne bidoche de verser sans aucun retard aux fournaises très flamboyantes des guerres à n'en plus finir.

C'est de notre mort qu'il s'agit, de notre mort d'Européens, de France et d'Allemagne, et des mirifiques commandes, providentielles, fébrilement anticipées par l'industrie américaine, morne et languide depuis vingt ans.

Tout ce bastringue propagé, myriacubé par les tonnerres de Propagande doit revenir extrêmement cher, des milliards mensuels à coup sûr... La récupération s'impose. Rien, absolument rien, aucun moyen d'affolement n'est omis, tout ce qui doit nous porter le plus rapidement possible aux extravagances décisives.

Sur le foirail américain la Kermesse est parfaitement abasourdissante, à miracle, totale de toutes les haines anti-nazies, anti-franquistes, anti-japonaises, anti-mussoliniennes surchauffées au blanc d'explosion. Tout ce qui n'est pas démocratique, soit juif 100 pour 100, éperdument honni. Toute la ville en vrombit, gronde, fricasse, crevasse, frémit, chambarde, rataboume de vitupérances râlantes contre Dudule, contre Rome, contre Tartempion l'anti-juif, contre les soies japonaises... Tous les moyens imaginables surpassés, centuplés de nous inciter aux batailles. Radio, Ciné, Théâtres, Périodiques, Quotidiens (25 pages), faux télégrammes, tout contribue, s'ajoute, se renforce, érupte, profuse, aimante, volcanise le très impatient virulissime message : « Mort aux anti-Juifs ! » C'est entendu ! On n'en sort plus !

L'opérette même a pris le ton, la vocation des propaganderies furieuses, des colères sacrées. Elle pousse par le charme aux massacres, par ritournelles suaves ou badines, mutines allusions, cuisses. L'enfer possède tous les trucs. Ah ! que nous sommes, franscailles, désirés dans la danse ! C'est plus de l'amour, c'est de la folie anthropophage ! Une délectation farouche anticipée, tous nos cadavres épars sur les champs de la Meuse, par millions et dizaines de millions.

Ah ! Comme l'on nous escompte, répartit, organise, dépiaute, régularise, débite d'un conflit de l'Europe à l'autre, au gré des cartes et des transports. Que le trafic de nos viandes est facile aux Américains ! viandes jamais frigorifiées, viandes à folles batailles ! toujours bouillantes ! En tous forums américains ce ne sont à notre propos que solennelles péroraisons, causeries aimables, discours, prédications, paraboles cafouilleuses, excitatophonies, prognostiqueries, transes de mages, semonces ecclésiastiques, adjurations, épilepsie, blâmes dignitaires, sorcelleries, offusqueries, vexeries, de nous voir encore ainsi, vivants, traînants, ergoteurs aux porteurs de nos charniers. Jours et nuits les appels retentissent, de plus en plus ardents, hurlants, redoublants, pathétiques, commandements à nous faire sans plus barguigner réduire en charpies historiques, en chairs à légendes bien saignantes, en nécropoles démocratiques. Ah ! Bayard ! Ah ! Verdun. Ah ! Dixmude ! Ah ! Joan of Arc ! Ah ! Clemenceau ! Comme l'on vous révère ! Comme l'on vous adore là-bas ! Vous êtes aux nuées américaines ! Divinités de nos abattoirs ! Ah ! C'est le sort le plus beau ! incomparablement ! Souffrir cent mille tortures en vérité ! Quelle faveur ! Tous les délices du cirque chrétien ! pour le triomphe démocratique ! Tous martyrs ! ineffablement reconnaissants à Litvinof ! à Barush ! à Sasoon ! Rothschild ! Lazare ! Bader ! Blum ! d'avoir si bien trafiqué la passion des Goyes, d'avoir si bien repris toutes les choses au départ, aux naïves origines, aux farouches étripades mystiques. Ah ! plus d'erreurs ! de chichiteries ! Vivement les tanks ! les tanks ! les mitraillettes ! Que ça saute un peu tous les membres, les âmes, les cervelles, que ça s'envole comme des bulles ! Qu'on rigole divinement !

C'est trop de miraculeuse faveur ! Profitons ! Que tout se décide à l'instant !

New-york, l'enragé ghetto, fulmine de démocratisme sous pression. La Guardia, le Rabbin Weiss, Lœb, Warburg, Barush, grands émirs démocratico-négroïdes aux immenses intérêts se consument littéralement. Un peu de mordant s'il vous plaît ! Ils nous exigent aux barbelés. Très normalement. Qu'attendez-vous ? Gratteurs futiles ! Roosevelt-Rosenfeld et Madame, première lady youtre d'Amérique (voyez portraits) vous baisent sur l'œil fré-missants pioupious ! fringants baïonnets. Sautez muscades ! laissez-vous fendre guillerettement par les Huns d'en face.

Allons ! Allons ! le bon mouvement ! But héroïque ! Rien qu'un affreux petit moment à passer ! même pas la peine d'en causer ! Toute une éternité ensuite de conscience parfaitement tranquille, le devoir gentiment accompli. Cela ne vaut-il pas ceci ? Votre existence pacifique ? insipide ordure ? Je vous le demande ? Vous n'allez pas trahir par trouille damnable vos propriétaires angoissés ? Vos Juifs si humains messianiques ? Cela ne se serait jamais vu ! Laisser les hordes hitlériennes déferler sur vos sillons, ravager vos filles, vos compagnes, vos plaines, vos montagnes, vos faillites, vos prix-uniques, vos Citroëns, vos Lafayettes, vos Renaults ? Non n'est-ce pas ? Avant que la Shell ne soit requinquée au centuple, que la Mexican Eagle n'ascende d'un boom vertigineux ! Non bien sûr ! On vous reconnaît toujours légendairement, inépuisablement vaillants ! Ne faites pas mentir la Légende cocus d'univers ! Toute l'Amérique judéo-gangstérique s'effare à la seule pensée de vous revoir envahis ! Quel souci soudain de vous garder en alarme, en sauvegarde angoissée ; qu'on vous investisse, vous conquière sans coup férir ! comme la pantelante Autriche, si rothschildienne, la bedide badrie berdue, la Sudeterie, ce serait l'inexpiable infamie suprême ! Aucun judéo-américain n'en décolérerait de vingt siècles.

Toutes vos agonies pour l'amour-propre roteur d'un seul Juif de Brooklyn ! Français tenez-le vous pour dit !

Homologie ! Paris-tout-du-ghetto ! Gratuite des viandes Kachères ! Relevez les défis ! Vengez, tudieu Moloch ! Vienne ! Vengez Prague ! Vengez Karlsbad ! Paris à présent pleinement responsable et plus que jamais de toutes les atteintes à l'orgueil juif ! à la féodalité juive ! à l'empire juif mondial ! La France fille aînée de l'Église et du ghetto (c'est pareil). Allons rugissez ! Messieurs les lecteurs passionnés de la bonne presse optimisante youtre ! foncez assouvir, tripes autour du cou, les impériales vengeances de la mondiale satrapie youtre ! Ah ! Périr ! mille fois périr ! tout emporté, éclaté de tous les plus fragiles viscères pour l'Internationale bancaire et l'*Intelligence Service !* Quelle gâterie transfigurante ! bien ouvrière ! Qui renâcle à cet essor ?

Un Français doit mourir pour elles !
Pour elles un Français doit mourir !

Vociférons à cœur que veux-tu cette Marseillaise si maçonnisante, dont le sens irrésistible se découvre de plus en plus riche en vertus libératrices à mesure que l'on avance dans la carrière de cadavre.

Ô New-York ! Kahal ! Souk ! Shylockerie la plus clamoreuse, la plus insultante, la plus triviale, la plus obscènement matérialiste, la plus mufle du monde ! à vos ordres ! Irrévocablement ! emportés par la grandeur du sacrifice ! Nous frétillons de toutes les joies à la pensée que bientôt grâce aux bénéfices sur nos batailles, sur nos vingt millions de cadavres vous allez retrouver votre joie de vivre, votre prospérité délirante, vos pâmoisons d'orgueil, les plus éblouissantes, la suprême félicité ! l'Apothéose jubilante Kabalique !

— Ah ! les agonies les plus cruelles, les plus déchiquetées, les plus lentes, dans tous les barbelés du monde, de tous les Goyes de l'univers, ne sont vraiment que peccadilles très négligeables dès que l'on songe au résultat ! La gangsterie américaine nous ordonne aux tranchées pour Avril ! Quelle aubaine ! Ne décevons davantage nos grands amis américains. Ils ont leurs raisons d'insister. Démocrates enthousiastes de la Démocratie la mieux négrifiée, judaïsée, pétrolisée, spéculeuse, banksterisée, détrousseuse de la mappemonde, ils se méfient, ils nous soupçonnent d'indépendance. Ils ne peuvent plus nous tolérer, comme ça fainéants, expectatifs, vautrés dans les réflexions, à la porte des grands abattoirs. C'est plus supportable ! Il faut les comprendre.

Et que demain, il nous pousse des drôles d'idées... qu'il nous surgisse des prétentions, des réflexions, des accoutumances de mort naturelle... Ah ! Ah ! Ça serait joli ! La catastrophe ! Le bouquet ! La calamité effroyable pour toute cette bâtarderie arrogante, cette canaille hébraïque montée, la plus couarde, la plus artificielle, menteuse, maquerote, installeuse, embusquée, maçonnique, provocatrice, la plus jouisseuse, la plus saoulante, la plus insupportable de toute l'espèce youtre.

Tout ce que peuvent tempêter, rafuter, tambouriner les hitlériens d'Allemagne contre les Juifs, les francs-maçons, ne dépasse pas le ton du ronchonnage, de la bougonnerie bonhomme en comparaison des trombes, tourmentes, cyclones d'insultes, défis, vitupérances, malédictions, folles virulences, à l'adresse de Rome, Berlin, Franco, du Japon, dont toute l'Amérique littéralement vrombit, rafale, déferle à longueur de jour et de nuit.

C'est aux États-Unis que l'on observe au mieux, que l'on goûte, toute la panique du Juif, la folle angoisse qui l'étrangle, camouflée arrogance, à la moindre évocation d'une possibilité d'un règlement de compte général, mondial. Ils en perlent, ils en tétanisent, ils s'en désossent de terreur, comme sur la chaise d'exécution. « La guerre contre Hitler ! » Et tout de suite ! Ralliement, mot d'ordre, magie précipitative, évangélisation de toute la juiverie américaine, fantasmatiquement démocrate.

La guerre, comprenez-moi bien, la guerre en Europe, en Asie, avec tous les vœux judéo-américains, de tous les parvenus bien éberlués, miraculés, les transfuges des ghettos valaques, exaucés, comblés, en frétillance délirante de superprofits, d'Hollywood à Long Island. Des cartes hautes comme des gratte-ciels [sic], tout en néons stupéfiants, pour épeler avec quelle peine ! les noms des plus belles étripades où vous serez tournés bouillies « inconnues », démocratiques engrais, navets, ferments, souvenirs.

Tous les rabbins en crises mystiques relancent Jéhovah ! qu'il nous refile de nouveaux Verduns ! Les pharamineux charniers ! regorgeants tripiers de Goyes ! Par la même aubaine, le remède adorable aux crises en tous genres, le stimulant prodigieux aux défaillances industrielles, le repompant imbattable des économies avachies, le retour tout garanti aux plus mirifiques, jubilantes Prospérités ! Les trois Radios, les six voitures, les quatre frigidaires, les sept téléphones, dans chacun des trois cent mille foyers juifs et la super-Télévision ! Tout ça prestidigitatoirement ! par la folle bourrasque des plus hauts hystériques salaires, à chier partout ! Le délire du trèpe aux fabriques ! Toute la piraterie au crédit, bien fantastiquement rambinée, bien frelatante, asservissante, l'amarrage du trèpe à tous les comptoirs juifs, le parfait asservissement par « tempérament ». Toute la manne américaine en flots déferlants ! Allons du cran ! Triboustin ! Vous l'aurez votre fourragère ! Du sacrifice ! De l'idéal ! Foutre sang ! Haut les cœurs ! De la culotte Le Gouarec ! Kergut ! Malidoine Arthur ! Durand Léon ! Sus aux Boches ! Mort aux Sudètes ! À vos matricules ! nom de Dieu ! Héroïques ! Manque personne ! Foutre bouseux ! On attend plus que La Gourmette d'Hollywood à Philadelphie ! dans les 48 États ! pour que tout redevienne prospère ! que les affaires reprennent un de ces boom ! inouï ! inimaginable de resplendissement ! La Gourmette en boudin de schrapnells ! en filigrané mitrailleuse ! Voilà le remède américain !

Broadway souffre ! La crise piétine ! C'est tout votre faute ! Lidoire Gaston ! Ange Philippe ! Triboustin Paul ! Dugommier Jean ! Votre amour-propre ne souffre pas, vous ? Vous demeurez comme ça impassibles pendant que toute la terre tressaute de préliminaires combats.

Anne Philippe (deuxième classe des chars) Pershing ne vous reconnaît plus ! Il vantait partout votre allant. Roosevelt ne voyait que par vous… c'est félonie !... Vous n'avez pas honte de rester tel quel tout vivant, biberonnant, jacassant, insipide, pendant que Samuel Cohen souffre lui, soucieux démocrate, américain 100 pour 100, des cruautés de la mévente, qu'il se ronge les foies démocrates devant les carnets de commandes ? Il va falloir vous décider Ange Philippe ! Vous faire crever au moins, franscailles, deux ou trois fois chacun, très horriblement pour vous rapprendre les bonnes manières, sacrificielles, fraternelles, internationales, les engagements démocratiques, les devoirs imprescriptibles de la France éternelle, pour vous faire pardonner un peu votre faible natalité.

Samuel Cohen de Brooklyn, le petit gâté d'Amérique, le démocrate rotarien, (le véritable Babbitt), il est fixé à notre égard, il est renseigné admirablement, pour tout ce qui nous concerne, par un tout spécial office, dit des « Informations Françaises ». On peut pas rêver plus ignoble, plus lâche, plus sournois comme entreprise de pousse-au-crime, de pousse-à-la-guerre, sous paravent démocratique que cette coulisse de fumiers. Et ça fonctionne en plein New-York ! Ça vaut son pesant de salive pour l'imposture et le culot.

Petit ghetto d'intellectueux, de cacafouilloneux gazetistes, arrière-loge immonde de préparation d'opinions internationales pour la prochaine pipe. Ghetto de liaison entre nos Juifs de France, ardents au pouvoir, avec les Juifs encore plus impatients aux massacres de là-bas. Vous rétribuez d'ailleurs admirablement sur vos deniers d'impôts les zèles officiants de cette fantastiquement éhontée, pernicieuse trafiquerie de fausses nouvelles. (16 à 30 mille francs par mois pour chaque dégueulasse). À ce prix vous pourriez imaginer que ces propagandistes informateurs, si bien rémunérés, représentent la fleur de nos Lettres, portent en tous lieux américains, très haut, le renom de nos Sciences, de nos Arts…

Hélas ! Il n'en est rien.

Le chiffre de leurs émoluments, seul, est extraordinaire. Encore s'ils ne faisaient rien du tout, le mal ne serait pas immense, on leur passerait volontiers de se régaler en sourdine, ça ne ferait que quelques Juifs de plus radieux de jouer les éminences dans les tripots diplomatiques. Je ne vous en parlerais pas s'ils se tenaient décemment, réservés, pudiques, conscients de leur nullité. Mais pas du tout ! Ces fielleux se portent garants, sacrent, jurent sur tous leurs prépuces, de votre vaillance au combat, de votre pétulance guerrière, de votre passion vengeresse, de votre fébricitante, invincible hantise d'aller dérouiller Hitler, d'aller le remettre au pas, le plus terrifiquement possible... À force, ça deviendra vrai... Impunément, ces infernaleries sont sécrétées, déconnées, débitées, dégueulées par le fameux office des Informations Françaises à New-York à travers toute la presse américaine, gâtée, fadée vous pouvez m'en croire.

Personne en France n'est au courant de cet extravagant, fabuleux, tragi-comique tripot de provocations (du côté des victimes prochaines) sauf quelques initiés complices juifs ou maçons des Affaire Étrangères.

À titre d'exemple, mordez donc un petit peu, ce morceau de bravoure, cette très évidente canaillerie troussée par le directeur même de cette officine des grandes contaminations, le Dr (?) Robert Valeur. Ce nom ne vous dit rien ? Moi non plus. En tout cas, ces lignes sont parues dans le *New-York Times* du 7 mai 1938. Voyez comme tout est bien réglé, dans le temps, l'espace, de ci, de là, de la planète :

« L'ambition allemande de dominer l'Europe centrale est évidente, si elle parvenait à ses fins, même par des moyens pacifiques, une autre guerre mondiale serait en définitive inévitable. Les membres de la majorité parlementaire française se rangent à l'avis qu'une Paix sauvegardée au prix d'une Mittel Europa Germanique, ne pourrait pas durer longtemps et que la crise ne serait que différée, reportée à un autre temps, où les conditions ne seraient pas aussi favorables qu'aujourd'hui (7 mai 1938). L'armée française est plus forte aujourd'hui que jamais depuis la guerre, et, plus que certainement, plus forte que l'armée allemande actuelle. Tous les Français frémissent à la pensée de mettre leur armée en action, mais il ne faut pas qu'Hitler interprète cette retenue comme une preuve que la France n'est pas prête à combattre. Seule, une nette détermination de combattre arrêtera Hitler, il ne sera pas influencé par la politique dite réaliste du Gouvernement actuel etc... etc... »

Ils connaissent le fin fond des choses dans les officines de New-York... Ils sont très bien renseignés sur la marche des événements. Vous l'avez échappé belle vers la fin de Mai, somnambules ! Quelque anicroche ! Partie remise !

Les Français vivent et périssent en pleine confiance, dans la confiance, pour la confiance. Ça leur suffit. Ce qui se trame à l'étranger, en leur nom, ils s'en foutent. Ils ne tiennent pas à voyager, à se méfier, à vérifier, on s'occupe d'eux suffisamment dans les ambassades. Leurs tripes flottent déjà partout, c'est le plus émouvant drapeau, le plus bel emblème de la France, le boyau de soldat. Y a pas plus pur, plus excitant, plus revigorant, qui redonne mieux confiance au démocrate américain que la tripe d'héroïque pioupiou.

La tripe du soldat français refera le tour du monde ! des fois et des fois, encore ! pour le triomphe démocratique, jusqu'à la consommation totale de tous les viscères dans les plus pires glorieuses batailles, la brave tripe du soldat français, la tripe la plus vaillante du monde, on en retrouvera plus même la pelure tellement qu'on l'aura fait servir, trimbaler, fulminer partout pour la plus radieuse gloire du Juif, sa souveraineté pointilleuse, son honneur jalousissime.

Paradoxe. Il est regardant comme personne, avare, pour tout dire, comme un rat, le Français du sol, l'autochtone, quand on le taquine aux espèces, qu'on vient lui tâter sa cassette, ses valeurs, ses propriétés, il fait vilain, il devient fumier, il vous traite horrible. Il veut vous passer par les armes. Mais si vous venez au contraire, lui demander, sa viande, sa peau, s'il s'agit du péritoine, du vrai trésor de sa personne, il aura pas un mot méchant, vous pouvez y aller carrément, que des amabilités, pas un hoquet de résistance, vous pourrez l'ouvrir tout entier, tout lui demander, tout lui prendre.

— Toc ! Toc ! Toc !

— Qui s'amène encore ?

— Entendez-vous *la Marseillaise*, Durand ! mon trésor ?

— Si fait ! Si fait ! parfaitement ! Mais qui l'en joue ?

— C'est moi ! C'est Samuel Logeman ! Prosperman Levy ! Vos Juifs adorables ! Vos messies chéris ! Vos coquins !...

— Ah ! les chérubins ! qu'ils me gâtent ! Ah ! Nom de Dieu ! Ah ! tant mieux ! Tant mieux ! Me dépêcher aux batailles ! de si bon matin ! Quel entrain ! Comme c'est tendre, comme c'est prévenant ! l'affriolante, martiale aubade ! Encore ! Encore ! Vous pouvez me croire touché ! J'en veux ! J'en veux ! Plus vite ! Je m'exalte ! Je les veux toutes ! Batailles ! Charges ! Pour moi ! Qu'on m'étripe céans ! Quelle infinie jubilation de crever me transpose ! C'est trop ! J'éclatouille ! J'explosille en cent mille miettes de furie reconnaissante ! Je suis trop brave pour moi-même ! Je me contiens plus ! Ouvrez-moi tout ! Sans plus tarder d'une seconde ! D'une rafale ! Je m'embrase d'effarante impatience héroïque ! J'ai bouffé l'enfer ! Messiman Lévy m'a promis le bonheur du genre humain ! Je veux tout connaître !

Tout reluire ! Je veux jouir de tous les côtés, comme le schrapnell terrifique au but de mort ! Tout or ! tout feu !

Dans l'énorme bacchanale propagandiste américaine, le cinéma new-yorkais donne son maximum. On pouvait s'y attendre. Les films sont exorbitants de haine démocratique. Absolument démonstratifs de la fantastique dégueulasserie fasciste, irréfutables, tandis que tout transportés au contraire à l'admiration palpitante pour les chevaleresques armées démocratiques, de plus en plus pacifiques, protectrices des opprimés, défenderesses du droit menacé, rempart des libertés démocratiques républicaines et maçonniques. Ce ne sont qu'atrocités nazistes, fascistes, japonaises, espagnoles, italiennes, enfants écartelés, vieillards démantibulés, villes carambouillées, hideurs, décombres, martyrs pantelants partout où la Bête anti-juive s'est abattue. Atroces rapines, ruées diaboliques. Trois heures de spectacle permanent. On nous gave de documentation catastrophique. Le remède est à côté du mal, heureusement ! On nous le présente. Il défile... Pour sauver, protéger, les libres démocraties ? quel moyen ? quel remède ? Je vous le demande ? Sur qui les démocraties peuvent-elles compter ? Petit futé ! Ah ! vous brûlez ! Vous commencez à connaître votre leçon... Mais sur votre viande ! Sainte Nitouche ! Sur les excellentes armées européennes démocratiques ! Si tellement animées d'un si bel esprit défenseur et vengeur ! Si vaillantes ! Avec leurs si excellents maréchaux ! si maçons, leurs si merveilleux effectifs, si bien entraînés à se faire chipolater en toutes conditions mitraillantes, hypercombattants pour la sauvegarde de tous cimetières, billards, charniers, et monuments funéraires. Vous défilez déjà là-bas comme si vous repreniez la Lorraine encore et à pleins écrans ! Français pioupious ! Charmantes anticipations ! Envoyez *Sambre et Meuse !* bras dessus, bras dessous avec les vaillants Russes ! Tenez-vous bien, les soldats de la Russie « démocratique »... Nuance. Staline, « l'homme de fer des démocraties ! » Portrait géant. Et la splendide armée chinoise donc ! Et Tchang-Kai-Chek ! notre non moins démocratique, magnifique allié ! Tout pour la Croisade ! Enfin toutes les phalanges démocratiques, trépidantes d'en découdre, impossible de les retenir !... Et de toute la plus vaillante, suprêmement républicaine armée tchécoslovaque, terreur des tyrans totalitaires (textuel). Vous êtes servis ! Et figures toujours plus émouvantes de Masaryk, de Benès. Olympiens, binoclés, scellés, secréteux, maçonniques, dignement réprobateurs. Faux témoins jupitériens. Crapules exécutantes des grands desseins juifs. Tartufes effrénés, pousseur au crime, pompeux digresseurs, pourvoyeurs fanatiques, provocateurs en tous carnages. Pour porter au comble l'enthousiasme de cette lumineuse propaganderie, de prodigieuse portée libératrice, l'on nous donne à présent Roosevelt-Rosenfelt ! bouquet ! en personne ! au plus immense agrandissement ! toute la gueule ! toute la grimace ! toute sa plus imbécile contorsion, baverie, hurlerie imprécatoire ! macaque en folie oratrice, toujours plus démesuré, encore plus énorme ! plus pitre ! au premier plan ! Je vous fascine ! Je vous tance ! Vous admoneste ! Vous adjure ! Vous hypnotise ! Il en louche, l'abominable ! Et ça gronde et ça tempête ! ce niagara du postillon ! Ça tonitrue dans l'exhorde ! Il nous en veut quand on s'élance pas dans les conflagrations tout de suite ! purificatrices ! Le fascisme, ça le tient aussi ! Tous ils répètent la même chose ! Ils nous déclarent bien équivoques dans nos façons de lambiner, de réfléchir sur les détails...

Le devoir nous appelle aux combats, oui zou merde ? Voilà ! That is the question ! Et c'est pesé immédiatement, très irréfutable ! il est plus formel encore que Mr Pétain pour tout ce qui concerne la vaillance des anciens combattants, des présents combattants, des futurs morts ! Mr Rosenfeld ! Il ne parle que d'union mondiale contre les fascismes ! Il y tient ! Il ne conçoit les choses qu'à l'universelle échelle. C'est un véritable cyclope ce louchailleur postilloneux ! Il se met en verve que pour l'immense, l'infini. Il nous fade. Il nous annonce, il nous promet, si nous sortons de nos torpeurs, des épurations mondiales, pharamineusement triomphantes, des victoires démocratiques absolument libératrices, de quoi bien tous nous passionner, de feux fuyants en mitraillettes, pendant encore au moins deux siècles ! La gâterie dépasse toute estimation ! Que l'on pavoise ! C'est gagné ! Qu'on lampionne tout de suite ! Et que ça lambille de Vladivostock à Bécon ! L'avenir est à nous ! Roosevelt nous le confectionne ! Il insiste encore... Ah ! nous voici sonoriquement prévenus ! Rien à réfuter.

L'avenir tout saignant, pâmant, juteux à point, bleu de mouches, savoureusement cadavérique. Il nous met les points sur les i, Roosevelt-Rosenfelt ! « Que ça doit pas recommencer l'histoire de la petite Belgique ! Que l'admirable petite laborieuse Tchécoslovaquie, comprenez le tortueux tartufier complotique ghetto Masaryk-Benesh, si vous ne vous décanillez, sautez à vos baïonnettes ! elle va subir votre petite sœur, à son tour, l'abominable viol teuton ! La ruée de l'infâme ! Écoutez ce fumier d'Hitler qu'est déjà par là, tout bandant, affutant, spumeux à la porte... »

C'est révoltant pour des âmes pures, comme Roosevelt... Sasoon, Litvinof, des salacites semblables ! Ah ! Vous avez juste une minute pour conjurer la catastrophe ! L'écroulement des Loges du Mittel Europa ! La calamité inexpiable ! Allons que ça fonce ! aux dépôts ! éperdus de joie croisadière ! À la géante échauffourée ! le trèpe en hordes salvatrices puantes le meurtre et l'oignon !

Ah ! C'est pas par des propos nuancés, des philospheries insidieuses, c'est par des injures très tonitruantes, des engueulades catégoriques, des provocations bien rugies, des sommations d'ultime urgence, qu'on nous réveille les sentiments.

En des temps moins équivoques, dans n'importe lequel de ces films, on aurait trouvé facilement les motifs de 12 ou 15 ultimatums. Des « casus-belli » plein la crèche. Personnellement je trouve Hitler, Franco, Mussolini fabuleusement débonnaires, admirablement magnanimes, infiniment trop, à mon sens, pacifistes bêlants pour tout dire, à 250 Prix Nobel, hors concours, par acclamations !

Ça durera peut-être pas toujours. Les glaves ça retombe quelquefois. Je voudrais qu'il en reprenne plein la face, moi, le Roosevelt, et des grands comme l'Atlantique, et tout en vitriol.

Mais c'est bien trop espérer des astres et des vents de ce monde.

L'adorable c'est qu'à cent pas de ces filmasseries terribles, dans la 42<sup>ème</sup> Ouest, rutilent, flamboyants, en plein prospérité, gloire, les fameux « Burlesks » (formule Minsky) sortes d'Hyperevues à la « Casino », judéo-byzantines tout à fait de même, sans aucune prétention artistique, mais alors directement sadiques, catégoriquement érotiques, lupanaresques, cruellement onaniques. Furieuses Kasbahs sèches à 50 cents le fauteuil, dont le client est viré, bousculé hors, par la « prochaine », effaré, langue pendante, queue perdue, sperme en poison. Le traquenard juif à la miche folle, le chantage au cul bouillant. Comme spectacle c'est pas difficile, on comprend tout de suite, ça consiste rien qu'en coïts, mais mimés, des « eaux à la conasse » fougueusement simulées, par des artistes typiquement splendides, des créatures bouleversantes, bandatoires à mort, faut reconnaître, des brunes, des blondes, des longilignes, des rouquines, des menues, des trapues, des langoureuses, des chichiteuses, des sauvages, des dodues, des vampiriques, des fulgurantes, tous les goûts. Pas de dégoût. Un assortiment diabolique de carnations éblouissantes. Du sex-appeal vertigineux, le tout en convulsions égarantes, ondulatoires. Offrandes, reptations, trémulations, extases hypnotiques... En musique toute cette fan-tasia, insistante, baratinante, impitoyable. Comble de la Tentalerie.

Ces stupres ne nous sont offerts qu'après d'interminables, très réticents déshabillages, allées, venues, voltes, échappées, revenez-y de croupes, gigoteries de fessiers, fricoteries vibratoires, effrénésies de charmes, écartement de toisons, délires de moules, tribulations merveilleuses de tous les trésors au pavois... Ça va mal! Ça va trop bien! Des séances pareilles seraient impossibles ailleurs qu'à New-York. Elles ne sont tolérées là-bas, les censures ne les passe qu'à une condition, qu'elles soient toujours présentées comme « Séances

Françaises », spectacles typiquement, authentiquement français. Saloperies bien documentaires sur nos manières si révoltantes, notre dégénérescence célèbre, nos débordements obscènes, nos mœurs de tarés monstrueux, légendaires. Mr la Guardia, maire juif de New-York, les trouve à ce titre excellentes, éducatrices au possible, vrais spectacles de préservation sociale. (Des choses que les adultes doivent tout de même connaître !) Et l'Ambassade de France aussi, forcément, est du même avis, la même distinguée qui patronne le terrible Office des Informations Françaises et la filmerie croisadière. C'est un tout. Le cycle est fermé. C'est du rapprochement franco-américain ou je ne m'y connais pas. On va nous voir aux Burlesques, comme nous allons nous aux singes, au Jardin des plantes, nous marrer de leurs facéties, de leurs saloperies, de leurs trouvailles trouducutières, de leurs branleries désopilantes, de leur priapisme atterrant. On ne demande pas aux macaques d'être réservés dans leurs mœurs. On nous en demande pas tant non plus ! Au contraire ! Ça serait une grande déception pour toute l'Amérique, si on nous trouvait un jour autrement qu'invinciblement dégueulasses, hantés du panais, hallucinés par la conasse, éperdus d'éjaculations, dans toute les conditions possibles et les plus grotesques, les plus infamantes, les meilleures, les plus françaises forcément, les plus pittoresques à regarder.

D'ailleurs, pour plus de certitude, pour la garantie d'origine, à la porte de chaque Music-Hall si gentiment spécia-lisé, un pitre foudré, fardé, en grande tenue d'officier de Hussards, parade, vocifère, ameute toute la 42ème ! « Entrez ! Entrez ! Vous serez contents ! Vous regretterez pas vos 50 cents ! Vous allez voir à l'intérieur, Messieurs, Mesdames ! Le plus beau spectacle ! L'inoubliable spectacle ! absolument français ! Le plus véritablement français ! L'officiel !... La vie amoureuse des Français ! Spectacle que tout Américain doit avoir vu ! Comment on ne peut voir ça qu'à Paris ! Capitale de la France ! Entrez ! » Nous sommes maintenant tombés si bas dans l'estime universelle (la conscience universelle dont nos cancans sont pleins), que la judéo-gangstérie qu'est pourtant bien une fiente affreuse, peut tout de même se payer le luxe de nous glaver pour 50 cents. Ils oseraient jamais faire ça aux métèques les plus dépréciés, les plus mal blairés, même au Japonais, même aux Mexicains, même aux pires moudjikans tordus. Ils auraient peur des histoires. Mais avec nous ! Pourquoi se gêner ? N'est-ce pas comité France-Amérique ? Maurois, Herzog, Pétain, Lebrun, Chambrun, etc… qu'ils auraient bien tort ? Qu'ils ont vraiment rien à craindre ? Que c'est entendu qu'on est merdes !

Aucune illusion à se faire, les judéo-américains (c'est-à-dire en somme toute l'Amérique) ne nous rendent l'estime, ne commencent à nous considérer qu'au moment où le clairon rallie nos viandes, si corrompues déjà, vers les boucheries rédemptrices, les grands abattoirs batailleurs.

En ces occasions flamboyantes l'on nous pardonne tous nos vices, nos tares pendables, notre crapulerie légendaire. Pourvu que la barbaque s'élance, tout va bien, c'est l'amnistie ! Tout fait carnage ! Tout fait charnier ! Tout fait commandes !

La gangsterie du dollar se montre d'un seul coup extrêmement indulgente. Elle passe l'éponge. Elle ne nous piffe pour résumer qu'en temps de guerre. En temps de paix, c'est les pincettes, le pilori permanent.

À part Messieurs Benda, Maurois, Jouhaux, Max Lintran, et puis encore trois ou quatre autres, de grands apanages, Juifs de naissance, ou synthétiques, quelques Maréchaux quémandeurs, l'Amérique ne nous conçoit guère que maquereaux, ruffians, larbins de cuisine mendigots. C'est pesé une bonne fois pour toutes. Nos femmes, bien plus serviles, encore, se livrent pour des petits pourboires, toutes cavaleuses, vieillotes, jacassières, ventres pourris, trop heureuses quand on leur fait signe.

Elles ont beau se rendre très aimables, elles ont bien de la peine à se défendre. Elles retiennent l'homme qu'au pompier. Sur l'article, alors, imbattables !

Autres « Burlesks »...

Interview de Benoît Frachon et déclaration de sa Ventripotence juive Jouhaux, retour d'Amérique.

(*Humanité* du 30 septembre 1938)

« — Tu as passé quelques jours à New-York et précisément au moment où fut connu l'accord Hitler-Chamberlain-Daladier au sujet de la Tchécoslovaquie. Quelle fut la réaction aux États-Unis ?

« — L'opinion aux États-Unis fut stupéfaite de cette attitude jugée scandaleuse du gouvernement français. Ce manquement aux engagements était très sévèrement jugé. Nous étions assaillis de questions inquiètes. Toutes se terminaient par cette espèce de supplique : "Mais, dites-nous, n'est-ce pas, ce n'est pas là l'opinion du peuple de France ? Ce dernier réagira, il n'est pas possible que la France du Front Populaire, que nous aimons, abandonne ainsi la lutte pour la paix, et la démocratie ?" »

Naturellement c'était bien là notre conviction.

J'ai vu des hommes politiques influents pousser un véritable soupir de satisfaction quand, le soir, ils lurent dans un communiqué de *l'United Press* la déclaration de Jouhaux qui disait :

« Les travailleurs français n'accepteront jamais une telle proposition, même de la Chambre des députés à laquelle on doit soumettre ce plan absurde. »

Combien y avait-il de Juifs et de « maçons » parmi les « questionneurs inquiets » ? That is the question ? Combien d'usiniers de guerre juifs parmi les « pousseurs de soupirs de satisfaction » ? Certainement Barush, véritable empereur des États-Unis, le plus grand usinier de guerre du Monde.

Encore un truculent spectacle à ne louper à aucun prix. Le départ du *Normandie* de New-York. *Normandie !* triomphe de nos contributions, le plus crâneur de nos déficits. Sur 3 000 passagers, au moins 2 500 Juifs. À nous Aryens « assujettis » du génie français tout le déficit ! On est des gaillards prestigieux, des vicieux de la folle ceinture. Aux rats juifs du monde entier les prélassements inédits, les vogues les plus exorbitantes, le caviar à la louche de nos centimes additionnels. C'est plus de la passion, c'est de la vraie furie youtrissime pour grimper, grouiller sur ce bord, renifler, machillonner tout le sortilège du luxe, toute l'opulence talmudique de l'énorme rafiot. On dirait que les pires rats youtres, les plus pernicieux de l'espèce, les plus paniqueurs, ont opté pour la *Normandie*, pour la gigantesque panse, le fantastique tout en or, pour nef du prochain déluge. C'est vrai qu'elle représente très bien tout l'exact du Juif.

Comment vous figurer la chose ? imaginez-vous les Champs-Élysées montés sur péniche... mais alors des Champs-Élysées devenus encore bien plus juifs, parvenus à l'aurification suprême, absolue, des Champs-Élysées pour milliardaires en haschisch. Des Champs-Élysées encastrés, boulonnés dans le coffre-fort transatlantique le plus colossal, le plus spectaculaire, le plus juif du monde.

Les cabines ? autant d'éblouissants coffrets, avec tous les souks autour, babord, tribord, dessous, dessus, de l'or ! boutiques, terrasses, coiffeurs, piscines, télégraphe, bars, sur-bars, et contre-bars tout ruisselants d'or ! chiots, ascenseurs, musiques, manucures, capitaines, serviteurs, absolument garantis or ! plaqués or ! sertis or ! fondus or ! tout or !... L'on s'en nourrit d'or, l'on s'en bâfre, l'on s'en regorge, l'on s'en dégueule, l'on s'en évanouit.

Va petit mousse
Tout l'or te pousse !

Il en gicle partout, ça pisse l'or, les bienheureux embarqués tombent malades d'or. Ils vont, surgavés, crever d'or.

Le médecin de ce bord en or, accourt tout en or pour émollir un peu vos tripes, obstruées d'or, vous faire filtrer le surcroît d'or, qui vous bloque (hé, hé) les conduites intimes. Douleurs trop divines ! Il vous évacue, il vous délivre adorablement, avec le sourire tout en or, d'un formidable étron précieux, contenant au moins 500 carats d'or !... C'est pas difficile de comprendre que les Juifs adorent une navigation pareille, tout en carats. Ah ! Ils en raffolent de leur caravelle, cent mille fois plus miraculeuse que tous les *Mayflowers* leur *Ben Normandie*, la phénoménale, gigantesque boursouflure flottante, le ventre d'or transatlantique de la *Jew Line*. Y a même plus de jalousie possible entre les classes, tellement on se trouve bien entre Juifs, heureux, exaucés, triomphants, épanouis. C'est le Paradis ! C'est l'Extase ! Pilgrims en délirante goguette. « La divine grouillerie », les suites du *Mayflower*... L'unanimité, la communion dans l'or ! La haine des classes c'est pour nous. Entre Juifs : émulation, admiration, mais jamais de haine. Toujours Wendel, jamais Rothschild ! Toute la youpasserie en transe, affolée de condiments, d'omnipotence, bâfre cinq jours et cinq nuits sans désemparer, toutes les tribus à la curée des menus de plus en plus formidables, à rugir d'extase, de transsubstantations alimentaires, par langoustes, limandes en or, artichauts d'or, épinards de même, poulardes à la fraise, en or. On ne sait plus. Des stupres de matières avalables à faire rouler le géant des Mers bord sur bord. Des plus radines enfouies troisièmes (l'or en filament) aux plus exclusives boudoiries d'hyperluxe-Premières (l'or à la flopée) c'est l'exquis vertige jubilant, de courtines en couloirs d'or, de gradins aux salons, plus immensément aurifiés les uns que les autres, de plus en plus juifs, ruisselants, épanouis, abracadabrants d'or. « Mille et une nuits de Shylock », jusqu'aux volières cristal et or ! tout le rêve du Paradis juif, sous la main, là, très potable, palpable, buvable, goinfrable, chiable ! Hypersouk paradisiaque, chef-d'œuvre du très grand goût français, orgueil de notre pavillon ! Décoré entièrement youtre ! Tradition ! Prestige !

Salut ! Trois couleurs ! Quatre ! L'or foutre ! qui les avale toutes !
Synthèse de l'art juif français ! de la nation juive française !

Contribuables ! vous êtes plus cons que Louis XIV, lui au moins il profitait de Versailles. Il y demeurait. Vous êtes bien pires, vous vous faites construire des Palaces flottants, bien plus extravagants, plus déficitaires que tous ses Trianons juste pour faire naviguer vos rats. Vous êtes plus faciles à duper que les sujets de Louis XIV. Toute la grouillerie juive, la porcine, aux délices, dans la calebasse à Mammon.

C'est mince, c'est tout mince quand même la coque d'un si gros, si géant transatlantique... Ça frémit, ça grince, ça trembloche, ça joue... ça fuit... C'est pas très solide... et puis là-dedans c'est plein de Juifs... dans tout cet or... et puis ça flotte sur des abîmes... si profonds... sur des nuits et des nuits d'oubli...

C'est seulement pour l'équipage...

Les rabbins du port de New-York ils se gafent d'ailleurs de certaines choses, ils sont pas si fous... ils connaissent eux les sens occultes, les symboles du *Ben Normandie*, y a pas que la cocaïne qui les intéresse... Ils savent bien que chaque départ est une maille de plus dans la trame... Ils se gourrent pas... Ils arrivent en chœur à chaque levée d'ancre. Pour chaque départ, ils sont là, et pas tout seuls, je vous prie, avec toute leur clique croassière, tous les chantres de leurs synagogues. Et pendant des heures ça sup-plique, ça cantate, ça nasonne, ça vociféraille en yiddisch, à gueule que veux-tu, hagards, convulsés, possédés, effrayants... juste sous la passerelle... Une séance de Sabbat farouche... Le Rabbin du bord, celui qui s'en va, reprend au refrain la hurlerie. Il vocalise dans la tourmente, il bat la mesure, il gémit... Tous ils chialent du coup, unanimes, ceux qui restent et ceux qui s'en vont... C'est des grands sanglots très tragiques, des très hautes lamentations perçantes, des râles, en pleine sirène du départ... Ça dépasse même le déchirement...

À toute vapeur capitaine !

Ça va ! vous pouvez partir ! vous avez ce qu'il vous faut ! Il est beau le Super-Navire ! Il est plein d'Apôtres ! Et des ardents !

des super-Saint-Pierre ! des gens qui flottent que pourris d'or, par la force de l'or ! dans la force de l'or.

Il ne faut rien exagérer. La judéo-gangsterie américaine a beau raffûter son boucan énorme, c'est pas elle quand même qui décide des choses vraiment graves, celles qui engagent toute la juiverie. Pas du tout ! Dans les Conciles décisifs de la Politique juive mondiale, Washington compte pour du beurre. Le personnel politique judéo-américain s'est toujours, partout, démontré d'une connerie sans nom. Il a pas droit à la parole. C'est Londres-l'hypocrite qui garde la haute main, le pouvoir très absolu, (par l'*Intelligence Service*) de guerre et de paix. Washington ne rame qu'à la traîne avec son quarteron marrant de féodaux de la conserve et du soutien-gorge, éberlués du dollar, vieux aventuriers goujatiers, exhibitionnistes, analphabets retraités dans les protocoleries gâteuses.

Washington-la-conne n'ose jamais, ne prend jamais sur la scène mondiale d'initiatives majeures. C'est toujours Londres qui la règle dans toutes ses allures, fringantes, endiablées, sournoises, sermonneuses.

C'est Londres aussi qui règle Moscou dans ses perversités geôlières, ses partouzes d'aveux spontanés, autant, pas plus, mais pas moins qu'elle oriente tous nos Orients, nos Loges pas souveraines, nos trébuchets ministériels, notre démocratie française haletante. Les Sages de Londres ne demandent aux judéo-américains, obtuses, dépravées, infantiles brutes, que leur pétrole surabondant, leur coton, leurs avions, leur cinéma, leur or, leur 70 pour 100 de l'Industrie mondiale, leur inégalable tapagerie-bastringue, leur propaganderie abracadabrante, leur bluff cyclopéen. C'est tout. Le matériel en temps voulu, la hurlerie en temps voulu. Pas davantage.

On leur demande jamais d'idées, surtout pas d'idées, on leur en fait grâce. Les judéo-américains sont célèbrement idiots, atterrants de sottise, voyez Roosevelt, Otto Khan, Morgenthau,

Filène, Barush, Rosenthal... Regardez ces têtes de cons... Sottise en personnes ! Londres se méfie de leurs idées pire que de la peste. Les judéo-américains ne se mettent en branle qu'au commandement de la Cité, pour déverser leur brocante, à toute berzingue, toute leur quincaillerie, le crédit, leurs huiles puantes, leur tintamarre, leurs filmeries, où on leur dit, ici, là-bas à l'endroit juste...

Tous les déclics, de la Guerre, de la Paix, sont à Londres.

Il nous l'a pas envoyé dire. Il nous l'a proclamé tout haut, très ouvertement, bien franchement, Monsieur le Maréchal Pétain. Qu'est-ce qu'il risque ?

« Anciens combattants ! Garde à vous ! Grogneugneu ! Ça roupille ? Ça ronfle dans les rangs ? La Paix vous amollit ! Vautrés ! La vaillance est minée ! Minables ! Vous voilà corrompus par les satisfactions matérielles ! par les délices de la Victoire ! Fixe ! Merde ! Foutre sang ! C'est trop écœurant de vous voir jouisseurs de la sorte ! Ça peut pas durer ! C'est pas supportable ! Faut des épreuves ! Alignement ! Redressement fameux ! Le sort de la France est entre vos mains ! Ça va mal ! Énergie sacrée ! Fixe ! Garde à vous ! Ça va ! Communion des âmes ! Patrie ! À vous ! Ça va jaillir les étincelles ! Je m'en occupe ! Communion des mobilisés ! Patrie ! Garde à vous ! À vos rangs ! Combattants ! Le sort de la France !... »

— Pardon ! Pardon ! Monsieur le Maréchal ! Petite minute ! Vous troufignolez à plaisir, Monsieur le Maréchal, les bonnes raisons, les mauvaises causes ! Vous confusionnez très vachement ! Pervers Maréchal ! C'est pas possible d'avaler des vraies monstruosités pareilles, vous atigez horriblement, Monsieur le Maréchal ! faut bien qu'on vous le dise ! Le sort de la France ? Il est pas du tout, du tout entre les mains des combattants, Monsieur le Maréchal ! pas plus des anciens que des nouveaux ! Repos ! Repos ! Le sort de la France, il est entre les mains des Juifs, précisément, de ces bons Messieurs Lœb, Barush, Roosevelt, Rothschild, Montagu Norman, Sinclair, de la belle « *Intelligence* », pour votre Service !... d'encore plus complotiques rabbins, Sassoon Lange, Litvinof, Weiss... Mais les anciens combattants, dans toute cette histoire, pas plus que les nouveaux d'ailleurs, ils ont rien à voir du tout... Dans la terrible goupille, ils comptent pour des nèfles ! Ils ont qu'à se laisser berner, propulser, dociles, basculer dans les grands massacres, la tambouille au sang qui mijote aux quatre coins du monde, toute leur viande au dépeçage, à pleins charniers affranchisseurs, en grandes fournaises à Judas, servis chauds à la mitraillette, à la ravigote d'ypérite ! On leur demande pas la couleur de leurs garde-robes. Ça suffit de leurs fascicules ! Trêve d'impertinences !

*Ils promettent, ils rient, tout est dit.*
— César : *les Celtes.*

P arlons un peu sérieusement. Parlons un peu de notre avenir. Elle va durer combien d'années la prochaine « dernière » ? La reder des ders ?... Dix ans ça semble un minimum.

Les spécialistes nous rencardent qu'ils ont fait des progrès splendides en armes défensives, mais qu'ils sont beaucoup moins fiers des engins d'attaque. En comparaison c'est loupé. Les offensives caneront pour sûr, figeront, cafouilleront dans les barrages. C'est écrit. Voyez l'Espagne... Les mitrailleuses nouveau régime, sont invincibles, infranchissables. Donc des hostilités très longues, très coûteuses, très meurtrières, très pâteuses, anéantissantes pour tout dire. La prochaine nous coûtera au moins dans les vingt-cinq millions de morts, tant civils que militaires. C'est moins qu'on peut estimer, par mitrailles, bombes, insurrections, épidémies, etc...

C'est le minimum optimiste pour la France vaillante, cocue et pas éternelle. Nous aurons trois, quatre et cinq fronts pour déployer nos héroïsmes, de la vraie gâterie. Que nous sortions vainqueurs ou vaincus de ces fariboles, le résultat sera le même pour nous. Strictement réduits à zéro, France anéantie par disparition des Français ! Ils ont beaucoup trop saigné, les Français, depuis 89. Ils perdent cent mille soldats par an, par malthusianisme. Ils ne font plus d'enfants. Une guerre par-dessus le marché ?

Ça sera pas la vraie « lutte finale », ça sera la boucherie terminale, la folle saignée torrentielle, démentielle, exhaustive. L'hémorragie à blanc. Moi je peux bien donner mon pronostic, je suis médecin, j'ai le droit.

L'issue de la prochaine on s'en fout, puisque de toutes les façons, nous serons portés disparus, repassés en cours de route. Ça peut pas nous intéresser, ni la victoire, ni la défaite, puisque de toutes les manières, nous ne verrons ni l'une ni l'autre, nous serons décédés bien avant, emboutis, broyés, émiettés dans les fracasseries enthousiastes, les croisaderies libératrices fantastiquement fulminantes. On retrouvera même pas nos cendres tellement on sera partis violents. Nous disparaîtrons corps et âme de ce territoire, bien avant la dernière bataille la Patrie elle existera plus, fumée ! ça sera des souvenirs de boudins, des fictions épongées au sang. À la fin de la prochaine guerre, on aura vu tellement de choses, il s'en sera passé des si drôles, qu'on se souviendra même plus de ceux qui l'auront commencée, ni pourquoi ils l'ont commencée...

Ils existeront plus les Français, ce sera pas une très grande perte, des hurluberlus si futiles, si dégueulassement inflammables pour n'importe quelle connerie.

Nous disparaîtrons corps et âme de ce territoire comme les Gaulois, ces fols héros, nos grands dubonnards aïeux en futilité, les pires cocus du christianisme. Ils nous ont pas laissé vingt mots de leur propre langue. De nous, si le mot « merde » subsiste ça sera bien joli.

Avec notre natalité déjà si piteuse, d'aztèques, de décadents risibles, notre biologie chancelante, nos métissages dégradants, notre rabougrisme spirituel, notre alcoolisme épanoui, nous ne pouvons nous payer à aucun prix le luxe d'une autre guerre. C'est classé.

La guerre pour nous, n'importe quelle guerre, malheureuse ou victorieuse, c'est tout pareil, c'est du suicide. La prochaine mobilisation, une de trop, on pourra bien l'encadrer, ça sera notre « Faire-Part » ! « Faire-Part-National » ! dans l'Union nationale, pour la Conscience universelle. Notre population autochtone, déjà si dangereusement abâtardie par les croisements négroïdes, afro-asiatiques, les apports de juifs tordus, le confusionnisme maçonnique, la trahison raciale, la dégénérescence érigée en religion sublimement humanitaire ne résistera pas à deux années de systématiques tueries.

Les Français, dès le premier jour, dès la gare de l'Est, s'en iront littéralement fondre dans la catastrophe, on n'en retrouvera plus la trace. Encore une autre épuration comme celle de 14 et c'est la fin du cheptel. La Gaule « chevelue » ! comme ils l'appelaient, et puis la « Gaule chauve », elle deviendra la « Gaule des cimetières ». Tout simplement. Feu l'indigène sera départi sans le moindre espoir de retour.

Il fallait bien le dire à la fin. Ça peut pas servir à grand'chose, mais c'est agréable.

Au point où nous en sommes, dans l'extrême péril racial, biologique, en pleine anarchie, cancérisation fumière, où nous enfonçons à vue d'œil, stagnants, ce qui demeure, ce qui subsiste de la population française devrait être pour tout réel patriote infiniment précieux, intangible, sacré. À préserver, à maintenir au prix de n'importe quelles bassesses, compromis, ruses, machinations, bluffs, tractations, crimes. Le résultat seul importe. On se fout du reste ! Raison d'État ! la plus sournoise, la plus astucieuse, la moins glorieuse, la moins flatteuse, mais qui nous évite une autre guerre. Rien ne coûte du moment qu'il s'agit de durer, de maintenir. Éviter la guerre par-dessus tout. La guerre pour nous, tels que nous sommes, c'est la fin de la musique, c'est la bascule définitive au charnier juif.

Le même entêtement à résister à la guerre que déploient les Juifs à nous y précipiter. Ils sont animés, les Juifs, d'une ténacité atroce, talmudique, unanime, d'un esprit de suite infernal et nous ne leur opposons que des mugissements épars.

Nous irons à la guerre des Juifs. Nous ne sommes plus bons qu'à mourir. Nous voici parvenus à ce degré d'hébétude, de décrépitude abjecte, où même l'instinct de conservation nous abandonne, nous l'avons dégoûté. Plus un seul patriote en France. Tous vendus, trouillards, pourris, éperdus d'honneur soi-disant, transis de pétoche maçonnique, de toutes les trouilles, trouille des Juifs, trouille de louper un nougat, trouille de perdre l'appétit, le sommeil, la transpiration, la petite amie, la concierge, le facteur, la jaquette, le petit ami, le demi-tarif, mes civilités empressées, la queue pluvieuse au cinéma, leur petite tête, une plus énorme légion d'honneur.

Comme patriotes nous n'avons plus, patentés, que ce terrible ramassis de Vénérables en rupture, maréchaux ou pas, Commissaires priseurs en toutes Urnes, Comiteux académiciens, perclus à prébendes, fantoches infiniment repoussants, ventriloques pour toutes trahisons, encaisseurs en tous bicornes, absolument plus regardables de la calvitie aux éperons. Mais ça cause, ça n'arrête pas, ça chevrote, ça beugle, ça redonde d'un vent dans un autre. Ça obstrue tout. Ça obstrue tout.

C'est l'infini d'allées, venues, de la Tribune aux Cimetières. Procureurs assermentés pour toutes boucheries historiques. Comme ces moutons à la Villette spécialement dressés, les « doubleurs », qui mènent leurs copains au tranchet indéfiniment, à la ribambelle, par tous les couloirs, bêlants...

Vous n'allez pas demander quand même à Messieurs Bedain, Suez-Weygand, Lebrun, Daladier, Cachin, et tous autres, de se mettre un beau jour, d'un coup, à penser différemment de l'*Intelligence Service* ? Pourquoi pas la Lune ? Ou la fermeture des Loges ? Ils ne peuvent être que d'accord sur tous les problèmes essentiels ! Ils pensent comme l'Opinion Publique, ces redondants, longévitants Messieurs, comme la Conscience universelle, exactement comme *Paris-Soir*, *l'Humanité*, *le Figaro*, *Regards*, *Candide*, *Marie-Claire*, *la Croix*, *l'Officiel*. Ils pensent tout à fait de même sur toutes les questions primordiales, comme tous les gens bien de France, comme Messieurs La Rocque, Wendel, Marin, Rothschild, Mendel, Doriot, Mauriac, Lebrun, Thorez, comme Messieurs Lazare, Verdier, Jouhaux, Stern, Bader, Dimitrof... En somme comme le Pape. C'est un chœur ! c'est un ensemble ! Tous conformes très exactement, dans la juste note, admirables conformistes, avec des petites variantes bénignes.

Ils parlent de tout, ces éminents, sauf des choses qui nous intéressent... Et avec quelle éloquence ! pertinence ils causent de rien !

Ils restent conformes au silence, à la grande directive youpine, à l'*Intelligence Service*, c'est leur business le silence. Ils parlent que pour ne rien dire. Ils sont payés, ils sont gâtés, ils sont gavés pour ne rien dire. C'est que du silence leurs paroles. Ils ont tous le même téléphone, et puis, au fond, le même programme. Quand ce sera le moment de la guerre, ils écouteront venir les ordres. Ils exécuteront sans férir, intégralement, à plein zèle, toujours silencieux bruyamment, ébahissants de discours. Ils signeront les envois de viande, les livraisons d'effectifs avec une conscience impeccable, à l'Heure des Combats, tant que ça pourra. On est bons comme l'aloyau nous, dans la boutique conformiste.

*Les Français à l'étranger loin de se rechercher, s'évitent, se haïssent, se déchirent tant qu'ils peuvent. Aucun sens de solidarité. Pendant les occupations étrangères ils se dénoncent.*

Dans nos démocraties larbines, ça n'existe plus les chefs patriotes. En lieu et place c'est des effrontés imposteurs, tambourineurs prometteurs « d'avantages », de petites et grandes jouissances, des maquereaux « d'avantages ». Ils hypnotisent la horde des « désirants », aspirants effrénés, bulleux « d'avantages ». Pour l'adoption d'un parti, d'un programme, c'est comme pour le choix d'un article au moment des « réclames », on se décide pour le magasin qui vous promet le plus « d'avantages ». Je connais moi des personnes, des véritables affranchis qui sont en même temps marxistes, croix-de-feu, francs-maçons, syndiqués très unitaires et puis malgré tout, quand même, encore partisans du curé, qui font communier leurs enfants. C'est des camarades raisonnables, pas des fous, qui veulent perdre dans aucun tableau, qui se défendent à la martingale, des Idéologues de Loterie, très spécifiquement français. Quand ça devient des racailles pareilles y a plus besoin de se gêner.

C'est du temps perdu. Des efforts pour le caca... tout à fait inutiles... Plus de mystique possible. Aucun rétablissement possible. C'est fini. Culbute. Même tabac d'ailleurs, droite ou gauche. Que des boyaux avides partout. Juste des conflits d'égoïsmes, implacables, que les Juifs admirablement truquent, tripatouillent, irritent, enflamment, étouffent, embringuent, tarabiscotent à leur profit. La conjuration juive mondiale seule véritable réussite de notre civilisation. Nous n'avons plus de patriotes. C'est un regret de bétail, on en a presque jamais eu de patriotes. On nous a jamais laissé le temps. D'une trahison dans une autre, on a jamais eu le temps de souffler... D'une guerre dans une autre...

On nous a toujours trafiqués, vendus comme des porcs, comme des chiens, à quelque pouvoir hostile pour les besoins d'une politique absolument étrangère, toujours désastreuse. Nos maîtres ont toujours été, à part très rares exceptions, à la merci des étrangers. Jamais vraiment des chefs nationaux, toujours plus ou moins maçons, jésuites, papistes, juifs, selon les époques, les vogues du moment, dynasties, mariages, révolutions, insurrections, tractations, toujours des traîtres en définitive. Jamais nos chefs n'ont eu les mains très nettes. Les Mazarins, les demi-Talleyrands, les sous-Mirabeaux, les Vergennes, les Briands, les Poincarés, Jaurès, Clemenceaux, Blums abondent dans notre histoire.

Nous sommes les snobs, les engoués d'une certaine forme d'anéantissement par traîtrise.

De nos jours, toute la vaillance, l'exultance, le frénétisme de nos meneurs, preux « redresseurs », « rétablisseurs » patriotiques, maréchaux ou pas maréchaux, consiste à renchérir encore sur la tradition de traîtrise, à procurer fanatiquement, plus économiquement encore, si possible, des viandes françaises guerrières aux gouvernements étrangers. La fonction paye admirablement. Marché conclu, ils n'ont plus nos maîtres « redresseurs » qu'à se laisser porter de gloire en gloire, plus qu'à se régaler toujours plus éperdument, effrontément, à s'en foutre des bâfrées terribles, à pleins râteliers, toujours plus copieuses, mieux garanties par l'État, superpontifiantes, à s'en faire éclater toutes les sous-ventrières et puis encore d'autres prébendes, cumuls, tantièmes, légions, cordons ! Ça va ! ça vient ! Ça fonctionne les honneurs, les consécrations ! Des pourlichages à plus finir en d'autres fentes moult conciliables ! De plus en plus Vénérables ! Des caresses partout ! Des « fourrées » invincibles ! De la P. P. aux Invalides, de l'Élysée au Panthéon.

N'ont en France jamais réussi que les traîtres, les saltimbanques, et les donneurs. Peuples creux.

Il règne sur tout ce pays, au tréfonds de toute cette viande muselée, un sentiment de gentillesse sacrificielle, de soumission, aux pires boucheries, de fatalisme aux abattoirs, extraordinairement dégueulasse. Qui mijote, sème, propage, fricote, je vous le demande, magnifie, pontifie, virulise, sacremente cette saloperie suicidaire ? Ne cherchez pas ! Nos farceurs gueulards imposteurs Patriotes, notre racket nationaliste, nos chacals provocateurs, nos larrons maçons, internationalistes, salonneux, communistes, patriotes à tout vendre, tout mentir, tout provoquer, tout fourguer, transitaires en toutes viandes, maquereaux pour toutes catastrophes. Patriotes pour cimetières fructueux. Des vrais petits scorpions apocalyptiques qui ne reluisent qu'à nous faire crever, à nous fricoter toujours de nouveaux Déluges.

De notre petite vie personnelle, de notre vie nationale, ils se branlent effroyablement. C'est le cadet de leur souci. Inutile de dire ! Ils se doutent même pas que ça existe ! Nous ne tenons aucune place dans leurs préoccupations sauf pour nous à la pipe. Ça leur paraît même infamant, trivial, révoltant, cette manie d'être renseignés, cette folie qui nous pousse à demander le pourquoi l'on se tue ? Des chichis devant l'abattoir ? C'est une vraie ignominie anti-démocrate ! anti-humanitaire, anti-progressiste, anti-tout ! Notre petite vie personnelle leur est bien égal, à plus forte raison notre existence collective. Je parle pas de la race, ils se pouffent ! Pas la moindre place nous tenons dans l'esprit entreprenant de nos patriotes à tout faire. Ça les embarrasse jamais ce qu'on va devenir nous autres, dans les fantasias de la guerre, ça leur semble moins que rien comme contingence, y a pas pire aristocrate qu'un Vénérable franc-maçon pour le détachement des choses de nos viandes. Pour des patriotes bien placés, judaïques, y a que la gloire qui compte, la fière tradition de vaillance française. Notre peau ? C'est jamais la leur qu'on crible ! Ça leur paraît monstrueux des préoccupations pareilles pour des écartelés prochains ! Des véritables insultes que toutes ces rages d'explications ! Ces scrupuleuses ! Ces analyses ! Ces farfouillages plus que douteux dans les dessous patriotiques ! Ils se formalisent. Ils nous traitent d'obscènes.

Dans le bastringue aux pires tapins, dans les plus ramoneux bordels, y a des questions qu'on ne pose jamais, des mots qu'on peut pas se permettre.

Toujours, partout, y a de l'étiquette, il faut connaître, il faut se souvenir.

Si j'étais maire de Paris, je ferais coller qu'une seule affiche. Si j'étais maître des Écoles, je ferais apprendre qu'une seule leçon. Si j'étais roi des Bistrots, je verserais qu'un seul apéro, mais pour toutes les gueules.

Si j'étais prince des Journaux, je ferais passer qu'un seul article. Si j'étais empereur des Chansons, j'en ferais jamais chanter qu'une. Ça serait partout, toujours la même, en banderoles, en orphéons, en serpentins, en mirlitons, en fredaines phonographiques.

Faudrait bien tout de même qu'ils me l'apprennent.

Faudrait bien tout de même qu'ils la retiennent ! Qu'ils se l'insurgent ! Que ça les embrase, que ça les transporte, qu'ils se connaissent plus d'enthousiasme, de ferveur communicative.

La prochaine sera la dernière !
Gnières ! Gnières ! Gnières !
Ça sera le suicide de la Nation !
Gnières ! Gnières ! Gnons !
Ceux qu'apprennent rien comprendront !
Gnières ! Gnières ! Gnières !
Tous les cocus plein les wagons !
Gnières ! Gnières ! Gnons !
Au pays n'en reviendra guère !
Gnières ! Gnières ! Gnières !
Tous les cadavres qu'étaient trop cons !
Gnières ! Gnières ! Gnons !
Pour la prochaine gai reguerre !
Gnières ! Gnières ! Gnières !
Pour la prochaine gai ! ris ! donc !
Gnières ! Gnières ! Gnons !

(Ce dernier « Gnons » avec emphase.)

*Ce sont les discussions qui tuent les races.*

L a prochaine guerre sera vraiment la dernière ! Gnières ! gnières ! gnières ! Et pour la meilleure des raisons ! C'est que personne n'en réchappera ! Tout sera dit. La Paix par le vide.

Un Pacte avec le diable ! Un traité ! Vingt traités ! Qu'on lui refile tous les Juifs ! les maçons ! le Pape ! Toute la lyre ! La Paix pour voir venir ! La Paix d'abord ! Nom de Dieu !

Retrouver une confiance, un rythme, une musique à ce peuple, un lyrisme qui le sorte du baragouin juif. Un Dieu ! d'où qu'il vienne ! Une âme ! le corps suivra ! On lui demandera pas son avis ! Ce sera à prendre, ou à laisser.

Chasser la mort des esprits, l'emmener au diable, broyer les têtes qui résistent, les acharnés du bavardage. Autrement c'est la culbute, victorieux ou vaincus, même bouillon. Écrabouillée, triturée, dépecée vive sur cinq frontières, cette triste patrie putasse, mitraillée par devant, derrière, ne sera plus avant trois mois que gazeuse horrifique charogne. Envahie, submergée, déferlée par les invasions de vingt hordes, elle ne s'en relèvera jamais. Retournée, tourmentée, disloquée, débâclée de fond en comble, déchaînée sur cinquante batailles, c'est fatal qu'elle soit occie bien avant la grande victoire. Elle aura tenu qu'un épisode. Il restera rien sous les pilonnages, les piétine-ments des cent mille colonnes, des bombes, des tanks, des offensives de très haut style. Rien du tout. Épongée. Sans compter les turlutaines de l'arrière pourri, les vampires non-combattants, toute la gangrène du « jusque-au-bout ».

Nous périrons sous les vainqueurs si c'est les fascistes qui gagnent, allemands, italiens espagnols, mocos. Nous périrons sous nos alliés si c'est leur victoire, la victoire démocratique, la victoire des Juifs. Ça revient exactement au même, d'une façon de l'autre on sera saignés au finish, à blanc. Une autre victoire comme 18 et c'est la fin, la ruée suprême sur le patrimoine autochtone. La ruée des mille ghettos du monde sur ce qu'il reste de l'Empire franc. Vous m'en donnerez des vaches nouvelles, communistes ! frémissants de juiverie ! cancres extasiés ! farauds cocus ! jobards incoercibles ! poires benêtes ! si vous en rescapez ! S'il en survit un seul de ces effroyables vêpres ! et ça sera miracle ! Vous m'en narrerez de merveilleuses !... Ils joueront vos osselets aux Puces, vous entendez ! vos remplaçants, vos héritiers super-émancipants, vos grands frères de Coalition, vos osselets d'antifascistes, de héros libérateurs. Aux Puces !

Ce sera enfin la bonne vie de Touraine en Côte d'Azur pour toutes les hordes persécutées. Depuis des siècles qu'on leur promet ! Grouilleries afro-asiates, proches-orientales, furioso-démocrates, égalitaristes, justicières, revendicatrices, super-humaines, soviétigènes, tout ça joliment francophage, radiné en trombes à la trompette juive ! la racaille arméno-croate, bourbijiane, valacoïde, arménioque, roumélianesque ! toute la polichinellerie balkane en folle triompherie ventrerie ! Vous serez servis voltigeurs ! La plus gigantesque aubaine de carambouillage jamais vue ! Ça va dévaler en délire après la victoire démocrate dans vos sillons, vos campagnes, ça va renverser vos montagnes, tellement qu'ils seront tous empressés de vider, retourner vos bleds ! vos émancipatrices cités ! vos dernières boutiques ! les gars ! d'enculer vos fils ! vos compagnes ! Ça sera la nouba Kabalique, le faridon du Paradis pour toute l'écrouellerie youpasse, la grande ruffianerie internationale au ralliement de *la Marseillaise* ! On va se marrer deux minutes ! Vous serez racornis, tamisés à zéro. Vous serez éteints, vaporisés. Ils sont encore des millions d'autres, et puis encore des millions d'autres, et puis encore des millions, d'absolument pareils aux mêmes, et vous les oubliez toujours, dans vos lyrismes avariés, vos confuseries pérotantes, là-bas tassés qui se consument... des rats frémissants, peladés, pestilents, chassieux, réprouvés, persécutés, nécrophages, martyrs démocrates, qui se rongent de mille envies dans les

tréfonds bessarabiens, indoustagènes, kirgizaniques. Pensez !...
Pensez toujours à eux ! Ils pensent toujours, toujours à vous !
Toutes les vallées ouraliennes, budipestiques, tartariotes,
verminent, regorgent littéralement de ces foisons d'opprimés ! Et
que ça demande qu'à foncer, déferler irrésistibles, à torrents
furieux, renverser les digues, les mots, les prévenances, votre fol
bocage ! et vous l'oiseau cuicuiteur ! noyer tout ! Tous les souks,
tous les brousbirs, tous les khans, toutes les kasbahs, tous les
sanhédrins, tous les caravansérails, tous les Comitern de tous les
deltas empuants de toutes les véroleries du monde déverseront
d'un seul coup toute leur ravagerie truande, toute l'avalanche
démocratique de leurs mécréants en famines depuis 50 siècles sur
vos os ! Ah ! ça ira ! Ça ira ! Ça ira ! On nous pendra tous aux
lanternes ! Garde à vous, Français ! Garde à vous ! Héroïques ?
Oui ou merde ? Faudra-t-il donc vous botter pour vous faire
descendre tout de suite au cercueil ? Dans la fière Patrie des
charognes ? Je suis-t-y explicite ? C'est pas trop tôt que vous
compreniez ! Déblayez un peu la surface ! S'il vous plait !
Laisser toute la place gentiment... On s'énerve à force de vous
voir comme ça, vasouilleux, indécis, batifoleux d'un zinc à
l'autre... Ça fait pas sérieux... On jase déjà dans les Loges à
propos de votre conduite. Ça peut pas s'éterniser... Le Maréchal
Pétartarin il a honte de vos petites manières, très matérialistes
pour tout dire, il vous trouve préoccupés que d'avantages
matériels ! Ah ! Fi ! Ah ! Pouah ! Quelle horreur ! Bande de
goujats rebutants ! Vils ingrats anciens combattants ! C'est pas
comme M. Suez-Weygand ! Lui au moins il la sauvegarde, la
flamme des suprêmes sacrifices ! Il se la rallume pour lui tout
seul avec des coupons terribles.

Le Maréchal Prétartarin, il veut pas que vous finissiez comme
ça lâches, perclus, dans des piteuses morts naturelles ! Il vous
commande des garde à vous impétueux ! Tout lauriers qu'il est !
Tout irrésistible Prétartarin ! Le plus enthousiaste gardien des
cimetières héroïques français, de toute la Cimetièrerie française...
Il est à son apogée dans tous les ossuaires Prétartatin !

« À vos rangs ! Garde à vous ! Fantômes ! Je vous inaugure !
Prétartarin des Nécropoles !

Fantômes ! Rassemblement ! »

> « *M. Daladier vient d'accepter la présidence de la Ligue pour la Protection des Israélites en Europe Centrale.* » Les Journaux.

À tout prendre je trouve que les Blums sont bien moins dangereux que les Daladiers. Le trèpe il est en confiance avec le genre Daladier, il se dit : « Au moins, celui-là, c'est un vrai Français ! » Voilà qui vous trompe ! Un maçon c'est pas plus français que syriaque, volapuque, ou parpaillot ; c'est un Juif volontaire, un Juif synthétique. Enjuivé jusqu'au noyau, il n'appartient qu'aux Juifs, corps et âme.

Il a cessé d'être aryen, d'être des nôtres, au moment précis où il se vendait aux Loges.

D'esprit, de cœur, de réactions c'est un étranger, un ennemi, c'est un espion, une bourrique, un provocateur, aux gages de la juiverie mondiale. Dans les secrets de l'Aventure, ou pas du tout dans les secrets, selon son grade et son talent, selon qu'il est près du soleil ou très éloigné, il est quand même juif par-dessus tout. Un maçon ne peut plus comprendre, ne plus obéir qu'à des ordres occultes, des ordres de la juiverie mondiale, de la Banque mondiale juive, de l'*Intelligence Service* juif.

Il aura beau se faire cocoriquer du « national » plein la gueule, ça n'empêchera pas les choses, qu'il est vendu, qu'il est maudit, qu'il est pourri de toutes les fibres, qu'il est aux ordres absolus de l'Internationale juive, de toutes les saloperies secrètes, de la Massacrerie mondiale perma-nente. Traître indélébile, plus ou moins rusé, plus ou moins conscient, perfide, honteux, terrorisé, retors, mais pour ce qui nous concerne, traître, inverti racial, pourrisseur, assassin.

Toute l'activité maçonnique aboutit, implacablement, aux grands abattoirs pour Aryens, 93, 70, 14, l'Espagne, la Grande Prochaine. Œuvres du Triangle. Toute l'activité des maçons, superbes ou minimes, consiste à préparer, circonvenir, dresser, enfiévrer les masses aryennes en vue des plus folles hécatombes, de en plus patriotiques, vengeresses, révolutionnaires, croisadières, de plus en plus évidemment cousues de fil blanc.

Les francs-maçons travaillent pour les Juifs, en fourriers, ordonnateurs, propagandistes enragés de la décadence, de la disparition des races aryennes par tueries suicidaires de plus en plus gigantesques, ahurissantes, impitoyables, impeccables. Peu importe le maçon que nous repérons aux commandes, qu'il soit Daladier, Flandin, Ribot, Jouhaux, ou Viviani c'est pour nous du kif d'abattoirs. Blum ne fera ni plus ni moins. C'est le même gang au même tapin. Celui de l'envoi de nos viandes crues, à l'heure prescrite, à l'Heure Juive, aux tueries, aux fantastiques embrasements, aux charniers judaïques de plus en plus fastueux, dits défensifs, dits humanitaires, dits pacifistes, dits libérateurs, dits progressistes, dits communistes, dits anti-nazistes, dits, etc. dits, dits, dits...

S'il avait envie de « redresser », comme il annonçait, Daladier, il avait pas besoin pour ça de se répandre en 500 décrets. Trois suffisaient, très largement. Des bons, des effectifs :

1° L'expulsion de tous les Juifs.

2° Interdiction, fermetures de toutes les Loges et Sociétés Secrètes.

3° Travaux forcés à perpétuité pour toutes les personnes pas satisfaites, dures d'oreilles, etc...

Le jour où ces choses-là seront dites, écrites, promulguées noir sur blanc, ça sera possible de se rendre compte que le Président du Conseil est redevenu l'un des nôtres, que les Français sont de nouveau, maîtres chez eux. Pas avant.

Jusqu'à la preuve du contraire, dans l'état actuel des choses, nous ne sommes tous, Président compris, qu'une bande de fiotes bien rebutants, une racaille bien courbée, merdeuse, nécrosée, veule à dégueuler, effroyablement abrutie, damnée d'esclavage, de vinasse, de slogans juifs, de la vraie charogne en suspens, du nanan pour toutes les ruées de toutes les meutes à la renifle, une providence pour les chacals de tout l'univers. Une affaire cadavérique monstre.

L'union nationale dans ces conditions ne peut, ne doit être, astuce admirable, qu'une Apothéose fossoyante. Vingt millions de morts poings crispés, plus seulement tendus.

Les États fascistes ne veulent pas de la guerre. Ils n'ont rien à gagner dans une guerre. Tout à perdre. Si la paix pouvait encore durer trois ou quatre ans, tous les états d'Europe tourneraient fascistes, tout simplement, spontanément. Pourquoi ? Parce que des États fascistes réalisent sous nos yeux, entre Aryens, sans or, sans Juifs, sans francs-maçons, le fameux programme socialiste, dont les youtres et les communistes ont toujours plein la gueule et ne réalisent jamais.

Vous aurez beau regorgez d'or, de cuivre, de blé, de laine, de pétrole, posséder toutes les mécaniques les plus mirobolantes du monde, toutes les richesses, tous les trésors imaginables, si la démagogie travaille vos masses, vous n'arriverez quand même à rien, vous serez pourris au fur et à mesure, vous crèverez de matérialisme, de surenchère. Rien ne vous sauvera. Vous n'aurez le temps de rien faire, sauf des guerres et des révolutions. Vos masses ne vous laisseront aucun répit. Vous ne rencontrerez jamais devant vous que des gueules ouvertes, des langues pendantes. Vous ne construirez, vous n'achèverez jamais rien. Vous n'aurez jamais le temps de rien édifier, vous serez sapés par les ouvriers même de votre œuvre. Vous vous effondrerez dans votre propre chantier, vous n'élèverez que des ruines. Vos masses envieuses, muflisées, rationalisées, prosaïsées, enragées de matérialismes, exigeront toujours plus de matière que toutes vos mécaniques, les plus productrices, les mieux tourbillonnantes vous permettront jamais de leur distribuer, surtout égalitairement. Vous êtes frits. Rien ne vous sauvera. Vous n'arriverez jamais à joindre les deux bouts. Vous aurez beau promettre, surpromettre, et promettre encore, vous faire éclater de promesses, vous ne contenterez jamais personne. Vous serez toujours distanciés par cent mille autres nouveaux bobards. La rage, le chantage, le délire matérialiste surpasseront toujours et comment ! de cent mille coudées vos pires mirages, vos pires engagements, les plus éhontés, les plus culottés, les plus faribolants. Même l'armature de votre boutique sera saccagée en fin de compte.

Votre propre système à produire les richesses, l'usine, la mine, les coopératives s'écrouleront, comme tout le reste, sous les assauts du peuple, dans la boulimie délirante populaire.

L'imagination matérialiste nous condamne à l'infini dans la destruction, la philosophie matérialiste, la poésie matérialiste nous mènent au suicide par la matière, dans la matière. Tous ces acharnements prosaïques ne sont qu'autant de trucs de la matière pour nous dissoudre, nous rattraper. Les hommes épris de matière sont maudits. Lorsque l'homme divinise la matière il se tue.

Les masses déspiritualisées, dépoétisées, (marteau-faucille et boyau) sont maudites. Monstrueuses cafouilleries, virulentes anarchies cellulaires, vouées dès le chromosome à toutes les cancérisations précoces, leur destin ne peut être qu'une décomposition plus ou moins lente, plus ou moins grotesque, plus ou moins atroce. Les Mystiques des Républiques ne proviennent d'aucune âme avouable, ce sont les produits honteux de têtes crapautiques, les jus de quelques épileptoïdes, de quelques camouflés satrapes Kabaliques, en complot de nous détruire.

Pourquoi nous le dissimuler ? Soviets, Démocraties, Franc-Maçonnerie, Républiques faillies, tout autant de lupanars juifs, d'épiceries complotiques à centuple fond, filiales de la grande imposture mondiale, de la fantastique carambouillerie juive, où tout ce que nous apportons d'ef-forts, de valeur, d'espoirs, vient culbuter aussitôt, se résoudre dans l'infection, l'ordure, la charognerie juive. Éperdus de matérialisme, passionnés de « choses », de luxe, de pondérable, de raisonnable, de bouffable, de roulable, de vendable, de ventrable, la matière nous a muflisés, avilis, banalisés, ahuris, affadis, asservis à en dégueuler de nous connaître.

Spirituellement, nous sommes retombés à zéro, atterrants, ennuyeux à périr. Tous nos Arts le prouvent. Depuis la Renaissance, si mécanisante, nous rabâchons à peu près, avec quelques futiles variantes, les mêmes éculeries sentimentales (nos dites éternelles valeurs sentimentales !) Amour ! Re-

Amour ! Pas d'Amour ! Plus d'Amour ! La rage du cul sous toutes ses formes : Jalousies... Caresses... Tendresse... Tristesse... sempiternellement... La hantise « charnaîle », toute la bandocherie si banalement éjaculatoire travestie mystique ! La dégueulasserie même ? notre âme ! Toute notre fierté spirituelle ? L'Amour !... Plus d'amour ! Re-encore de l'Amour ! Éperdus d'Amour ! Sans jamais nous lasser, sans même plus y penser, sans y croire. Obscènes, grotesques sans le savoir, très pompeusement, machinalement. Les lamas dans toute leur crasse tourbillonnent aussi leurs petits moulins à prières, machinalement, majestueusement.

Le petit chat mutin, lutin, tout bondissant devant la porte, s'y reconnaît bien mieux que nous dans les dix mille secrets du monde. Nous sommes devenus les plus stupides, les plus emmerdants de tous les animaux créés. Pesanteur matérialiste, ankylose dogmatique pontifiante à fins utilitaires. Tout nous condamne.

Nous ne jouons plus avec rien, nous utilisons tout pour plus vite tout détruire. Qu'offrez-vous ? Que promettez-vous ? Juifs réponds-nous !

Je vous offre, cul-bas, des autos ! des radios ! du plein la fraise ! plein la cravate ! plein les mires ! plein les miches ! plein les ouïes ! plein la mitrailleuse ! plein la jalousie ! plein la sépulture !

*Vinasse, Borniol, et Circenses.*

Ce sont les maçons aux ordres du juif Ximenès qui ont fait guillotiner Marie-Antoinette et Louis XVI. La plus fantastique calomnie maçonnique jamais déclenchée par Israël et menée tambour battant, triomphalement, jusqu'à la lunette de Samson, Juif.

Monsieur Veto avait promis !
Madame Veto avait promis !

Vous avez promis, maçons de la Loge 38, bien davantage ! Depuis Veto vous n'avez pas arrêté de promettre, vous avez exalté, fanatisé, enragé la meute de haines égalisatrices, de passions à bâfrer tout et tout de suite. Le tangible avant tout ! Toute la matière ! D'abord le Palpable ! Tout ce qui peut s'avaler, s'ingurgiter, s'approprier, s'accaparer, se boyauter. Vous l'avez mise en fringale matérialiste irrésistible votre meute.

Apôtres du mieux-vivre, la meute va vous bouffer, vous d'abord.

Vous êtes au bout de votre rouleau des promesses. Vous avez déjà donné tout ce qui vous appartient pas et puis en surplus tous les brouillards de la Lune.

La masse exige du consistant. Elle en a marre de vos paroles ! 150 années de paroles ! Vous n'y couperez pas. C'est vous le prochain « consistant ». Vous-mêmes ! comp-tant ! Ah ! Si vous n'aviez jamais promis que des sacrifices, il serait peut-être encore possible de vous expliquer, de vous sauver. Mais vous avez promis toutes les choses qui se bouffent, toutes les bonnes choses que l'on peut chier. Alors ? Tant pis pour vous ! Il ne reste plus rien de chiable dans votre boutique, que vous-mêmes. Vous qui pendant 150 ans n'avez cessé de lyriser la mécanique, les droits du peuple, la muflerie, la matière, l'arrivisme et la merde, vous allez être servis merveilleusement ! merdeux ! Vous vous êtes promis aux chiots révolutionnaires vous-mêmes ! Exorbités, aberrants, pontifiants, cafouilleux cancre vous avez commis au départ l'erreur capitale, inexpiable, vous avez misé sur la tripe, vous avez adulé, exalté, flagorné, glorifié la tripe.

La tripe sera toujours à la honte de l'homme, vous n'en ferez jamais un émouvant Credo, un titre de noblesse. Jamais. La tripe c'est toujours une erreur de la porter au pavois, la tripe sera toujours seulement la plus ridicule de nos servitudes, la plus piteuse de nos ordures. On s'en serait très bien passé. La nature a été vache. L'homme vous haïra toujours finalement, pour l'avoir mené par sa tripe, par son plus bas morceau. L'Homme veut être considéré, caressé, persécuté, pour son rêve, rien que pour son rêve ! C'est son dada ! Même le plus digestif, le plus bâfreux, le plus poubelleux des hommes est toujours plein de prétentions mystiques. Toutes les dialectiques sophistiqueries matérialistes ne sont que tout autant de gaffes grossières, apologies tarabiscotées de la merde, très maladroites. Rien de bandocheur.

Rien qui délivre, qui allègre, rien qui fasse danser l'homme. Vous ne verrez jamais que les êtres de pire bassesse, les voués, les maniaques intestinaux, les mufles essentiels, les hargneux boulimiques, les éperdus digestifs, les pleins de ripailles, les fronts écrasés, les bas de plafond, s'éprendre de tous ces programmes utilitaires forcenés, même travestis « humanitaires ». Rabelais s'est trompé. La tripe ne mène pas le monde, elle le perd. Maudite soit la tripe ! La France crève de ne penser qu'à sa tripe. Gageure stupide d'attendre la panacée, la civilisation rédemptrice des pires hantés du cœcum, des plus prometteurs recordmen du plus gros étron. C'est folie ! La charogne la plus exaltée, la plus juteuse, la plus ardente en pourriture, la plus copieuse, ne peut faire naître malgré tout que des larves.

On peut tenir l'Homme pour extrêmement charognier, cependant, malgré tout, sur la question de l'utilitarisme, les larves le baiseront toujours. Les séducteurs du matérialisme, pour une fois, c'est miracle ! ont visé trop bas, en parlant aux hommes. Cela paraît presque impossible ! Un peu trop bas en charognerie, d'où l'abracadabrante faillite de tout le système maçonnique, judaïque actuel, soviétique, démocratique, rationaliste. Supercheries calamiteuses, supercafouilleries, épilepsies de plus en plus exorbitées, hurlantes, obscènes.

Faillis ! Crochet ! Vendus ! Barrez ! Hideux ! Assez ! Au bagne !

Désolants cuistres radoteux ! miraux convulsionnaires ! prosaïstes époumonés ! supermufles outrecuidants, la Fête est finie !

Vous n'avez fait danser personne ! Vous êtes incapables ! funestes ! impossibles ! Vous excédez la terre entière avec vos fausses notes ! Vous êtes mauvais à en périr ! Et vous périrez ! On va vous engouffrer aussi. La masse va vous tourner en merde, votre masse chérie.

La fameuse « soziolochie » égalisatrice, civilisatrice, fraternisatrice, annoncée à coups de tonnerres et d'éclairs à la porte de toutes les satrapies juives : U.R.S.S., Hongrie, Barcelone, Mexique (toutes banqueroutières) ce sont les peuples du Fascisme qui l'appliquent chez eux entre Aryens, contre les Juifs et la Maçonnerie.

Qui a mis Rothschild en caisse ? c'est pas Daladier, c'est Hitler.

Quant à l'Ère nouvelle, l'Humanité marxiste tellement « renaissante », toute cette subterfugerie verbeuse s'est très vite déterminée en extraordinaires saturnales, déchiquetages, empaleries d'Aryens, massacreries insurpassables, tueries geôlières, tortures tartares, écorcheries de tout ce qui n'était pas juif, ne pensait pas juif.

Qui a fait le plus pour l'ouvrier ? c'est pas Staline, c'est Hitler.

Toutes les guerres, toutes les révolutions, ne sont en définitive que des pogroms d'Aryens organisés par les Juifs. Le Juif négroïde bousilleur, parasite tintamarrant, crétino-virulent parodiste, s'est toujours démontré foutrement incapable de civiliser le plus minime canton de ses propres pouilleries syriaques. Quinze paillotes abrahamiques au rebord du désert suffisent, tellement fantastique est leur pestilence, damnation, contamination, à rendre toute l'Afrique et toute l'Europe inhabitables.

Et voici cependant le sapajou funeste que nous supplions à grands cris de recréer tous nos États, de fond en comble, nos traditions, nos vices, nos vertus, nos âmes. Pourquoi n'irions-nous pas demander tout de suite à l'hyène rigoleuse du Zoo ses recettes d'idéalisme ? Au crotale ses dévouements ? au rat d'égouts ses mystiques ?

Les Juifs, racialement, sont des monstres, des hybrides loupés, tiraillés, qui doivent disparaître. Tout ce qu'ils trafiquent, tout ce qu'ils manigancent est maudit. Dans l'élevage humain, ce ne sont, tout bluff à part, que bâtards gangreneux, ravageurs, pourrisseurs. Le Juif n'a jamais été persécuté par les Aryens. Il s'est persécuté lui-même. Il est le damné de sa propre substance, des tiraillements de sa viande d'hybride. D'où cet état de plastronnage perpétuel, de dervicherie compensatrice, cette arrogance, cet extravagant culot, cette jactance, saoulante, cette effronterie brailleuse, si dégueulasse, si répugnante.

Bien sûr qu'il n'y peut rien, qu'il est irresponsable. C'est pas tout de même une raison pour que nous on s'en fasse crever, de ses tares, de ces malfaçons. Ça serait vraiment trop de complaisances. Il faut tout dire.

Les races assez peu nombreuses malgré tout, qui peuplent ce monde, loin de fondre, de s'amalgamer, de disparaître en somme, selon la doctrine maçonnique, par croisements et mélanges, sont au contraire en train de s'affirmer, de se caractériser, de se distinguer de mieux en mieux, de plus en plus nettement les unes des autres. Nous n'allons pas vers la fonte des races, mais au contraire vers l'exaltation des races, exaltation biologique, très naturelle. Il faut céder à cette loi, à cette tendance, nous les hommes, ou disparaître. Aucun compromis :

« Devenir ou Disparaître », loi naturelle du devenir « biologique ». Les races ne sont pas, elles deviennent. Les Aryens, les rejetons aryens sont de plus en plus aryens, les jaunes de plus en plus jaunes, les Juifs hybrides grotesques (regardez ces figures) de plus en plus impossibles.

Le juif doit disparaître. Il se débat, se révolte actuellement, il se raccroche. Loin de s'effacer, il accapare au contraire tout. Il ne veut rien céder, il veut tout prendre, et s'il ne peut tout prendre, tout détruire. Il n'admet rien hors de lui-même. Il veut être tout. C'est un imposteur délirant, un agonique forcené, un tyran tout exorbité, condamné, ayant le monde pour cabanon.

Le fameux idéal du Juif n'est qu'un épileptique hargneux fantasme d'aliéné des grandeurs. Le Juif ne conçoit, ne peut concevoir l'Univers que peuplé d'esclaves terrifiés, absolument à sa merci, muets, rampants, toujours trop heureux d'être expédiés vers de nouveaux bagnes, de nouvelles écorcheries, d'autres Apocalypses. Dans l'angoisse d'être repéré, isolé, démasqué, l'hybride juif n'en finit jamais d'abasourdir, d'ahurir, d'estomaquer les masses, en long, en large, en profondeur, à l'aide des pires tintamarres hypnotisants, des trois cent mille jérémiades revendicatrices furieuses, de ses clameurs aux outrages, de ses hâbleries prophétiques, fureurs incantatoires.

Il est fou d'angoisse le Juif et il veut nous rendre fous. Il y parvient par dervicheries, baratineries, perpétuelles.

La Comédie Juive mondiale : Entrez ! entrez ! venez voir ! *Les Terribles Malheurs et Merveilleuses Vertus d'Israël !* fait salle archi-comble. C'est même à tout bien considérer le seul spectacle qui fasse actuellement recette, qui plaise vraiment au populaire. Certains beaux esprits chagrins, quelques délicats, petites moues, prétendent que le théâtre se meurt ! Qu'il est mort ! Poses ! Sornettes ! Jamais au contraire il ne s'est mieux porté ! Les *Terribles Malheurs* remplacent, effacent toutes les comédies précédentes, périmées. Voici le fait accompli, essentiel. Voilà ce qu'il faut dire, admettre. Si la foule participe ? Elle se donne corps et âme ! Jamais *Mystères*, au Moyen-Âge, ne connurent foules aussi sincères, dociles, ferventes, ébahies ! S'il y fonce le peuple aux *Terribles Malheurs ?* Il en redemande ! Il s'en fait mourir ! Il s'en suicide de folle ferveur !

Toutes les pires figurations, les plus meurtrières, il les exige, et pas du flan ! Au réel ! Toute la Musique ! Il est de toutes les batailles ! de toutes les tueries ! Toutes les boucheries il les assiège ! il les emporte à l'assaut. Pour les *Terribles Malheurs* et les *Merveilleuses Vertus* il s'est déjà fait massacrer par millions et par millions et demain c'est pas fini, ça sera par dizaines de millions et dans le plus fol enthousiasme et jusqu'au dernier qu'il se fera équarrir. Qui parle de crise du Théâtre ? Quel aveugle ? Quel niguedouille ? Jamais on avait observé dans le cours des siècles, au contraire, telle frénésie de théâtre ! Comédie ! Mystère plus astucieux, plus époustouflant ! plus fastueusement héroïque ! plus horrifiant ! torrentiellement sanglant ! vrombissant de fureurs cabotines ! plus unanimes surtout ! Ah ! Voilà ! Plus unanimes !

Israël geôlier priapique, bluffeur, gaffeur, tyran périlleux, bourrique, frelon turlupiné, nous en veut d'une de ces haines pas concevables, pas imaginables. C'est comme de certains oiseaux, on entend jamais leurs appels parce qu'ils sifflent beaucoup trop haut, trop aigu, trop strident pour nos oreilles. Ça nous surpasse l'auditif. Le Juif c'est pareil dans un sens, il brûle de beaucoup trop de haine pour notre entendement. Ça nous fatigue rien que d'y penser. Lui pas... À la rigueur, sa figure devrait peut-être nous prévenir, sa gueule visqueuse, ses regards de pieuvre. Mais on le dévisage pas beaucoup. On évite. On regarde ailleurs.

Milliardaire toujours grelottant, Israël triomphant maudit, est pas content de nos présences, il nous trouve des vraies insultes, rien que d'exister, avec nos manières trop blanches. Il en sursaute du chromosome, rien que de nous voir aller, venir... Il peut pardonner qu'à nos femmes et encore à condition qu'il les encule de plus en plus, qu'elles arrêtent pas de le sucer. Mais pour nous, les mâles, c'est midi, jamais de pardon. Une de ces haines il nous voue, d'obsédé, de bâtard, d'hybride, inexpiable, irrévocable, infinie. Le perpétuel rongeant délire. Une haine cosmique, à cause de ce chromosome, de ce quart de chromosome loupé, teinté, maléfique, tiraillé, tordu.

Israël nous pardonnerait peut-être, en l'en suppliant, au bout du compte, toutes nos insolences, mais pas ce quart de chromosome. Ce millième d'onde de tiffe crêpu. Ça jamais.

S'il a fallu des flots de parfums d'Arabie pour effacer quelques traces d'un pauvre forfait crapuleux, que Madame Macbeth était bien ennuyée, ça sera pas trop à présent de plusieurs guerres, de tout notre sang pour effacer quelques taches sur les chromosomes d'Israël.

Hitler n'a pas fait que souffler aux Juifs leur vertigineux, mirobolant, programme dit marxiste (d'Engels en réalité, volé par Marx). Il les a encore doublés sur la question du Racisme.

Comment ? Comment ? Insolence ! Horreur ! L'Aryen, cette nature de beurre, si docile, infiniment plastique, toujours en tout temps soumis aux volontés Juives, que le couteau juif tritouille, barbouille, écrabouille, tartine de toute éternité, la denrée parfaite du commerce, par excellence, pour tous les trafics de guerre et de paix, que n'importe quel youtre chiasseux, tranche, débite, spécule, troque, mijote, avilit, merdifie tout à loisir, le voilà qui se prend en masse à présent, d'un coup ! rebiffe ! soudain ! La rébellion du beurre ! L'insurrection des éternels écrémés ! Cela ne s'était jamais vu ! entendu, soupçonné possible, jamais ! Le beurre aryen qui tourne raciste, coriace, hostile, intraitable, nazi ! Ah l'immondice ! Jamais depuis Tibère, Israël n'avait subi tel affront, enduré défi plus atroce.

Avant la venue d'Hitler, les Juifs trouvaient ça très normal les méthodes racistes. Ils se faisaient pas faute eux-mêmes d'être racistes, largement, effrontément, frauduleusement. À ce propos pas plus de race sémite que de beurre dans les nuages. Mais une franc-maçonnerie d'hybrides bien sournois, bien parasites, bien révolutionnaires, bien destructeurs, bien haineux, bien dégueulasses.

La religion judaïque est une religion raciste, ou pour mieux dire un fanatisme méticuleux, méthodique, anti-aryen, pseudo-raciste. Dès que le racisme ne fonctionne plus à sens unique, c'est-à-dire dans le sens juif, au bénéfice des Juifs, toute la juiverie instantanément se dresse, monte au pétard, jette feux et flammes, déclare le truc abominable, exorbitant, très criminel. Le racisme n'est plus alors qu'un effroyable dégueulasse subterfuge crapuleux pour détrousser les Juifs, un charabia de préjugés rétrogrades, puants, le vestiaire, l'affreuse friperie du capitalisme aux abois, le refuge des anti-humains qu'il convient de pétroler immédiatement, de réduire en cendres tout de suite. Une diablerie sinistre. Le sort, l'avenir, la sauvegarde du monde dépendent de la célérité de cette opération. Par la foi des anti-racistes ! Le bûcher ! Raciste égale Sorcier !

Le racisme aryen ? Pouah ! Quel scandale ! Qui avait jamais entendu parler d'une si extravagante pitrerie ? Quelle régression ! Quelle négation de tous nos progrès moraux, sociaux, si douloureusement acquis par l'élite si maçonnique de nos philosophes à travers les siècles ! Et les Droits de l'Homme piétinés ? Et tous les usages agréés ? (Juifs bouffent Aryens). Et les cinquante siècles d'enculeries éperdues d'indigènes ? Et les cent mille traditions convenables ? Quelle peste à nos portes ! Brune ! Jaune ! Verte ! Violette ! Spumeuse ! Pfoui ! Les obscènes déments !

Qu'on les enferme ! Qu'on les fricasse ! Qu'on les branche ! Qu'on les fouette tous jusqu'à l'os ! Que ça gicle ! Que ça éclabousse ! Ah ! vous allez me la respecter l'Apostellerie judaïque ! Merde ! La plus tendre des entreprises de rénovation des humains par exhortations persuasives ! Saloperies râleuses ! Vous les adorer pas encore vos philosophes ? vos juifs ? vos anges ? Il est temps ! Il est moins cinq ! Vous allez pas tout de suite les plaindre, Nom de Dieu ! vos bourreaux chéris ! Foutre racaille ! Avant qu'ils vous fassent crever ?

Ah ! Que voilà des bonnes paroles ! bien claires, bien simples, bien émouvantes !

Qui vous vont directes droit au cœur !

> *Non, il n'est pas possible aux chrétiens de participer à l'antisémitisme. Nous reconnaissons à quiconque le droit de défendre ce qui menace ses intérêts légitimes. Mais l'antisémitisme est inadmissible. Nous sommes, spirituellement, des sémites.*
> — Le Saint-Père. *le Temps*,
> 20 septembre 1938.

C'est donc une témérité folle d'oser un beau matin comme ça annoncer aux Juifs en pleine face :

« Salomon ! Renonce ! Ça ne va plus ! Je ne veux plus guerroyer pour ta gueule ! c'est fini ! La mère des héros vient de mourir ! Ne t'évertue ! Ne plus ! Ne traficote ! Balpeau ! Marre ! Tes crosses tu peux te les foutre au train ! Celles d'Hitler et puis toutes les autres ! T'es con ! T'es trop vicieux ! Tu pues ! Tu complotes ! Tu me navres ! Décampe ! Si dans huit jours t'es pas trissé, ça va être ta désinfection ! »

Mais les gens polis que nous sommes, mais les obligeantes personnes ne parlent pas de cette façon. Elles s'expliquent rhétoriquement, elles comprennent tous les arguments de la casuistique, elles connaissent les trois cents façons, les afféteries particulières pour se faire plus, mieux enculer. Elles n'y manquent jamais, de plus en plus courtoisement, à tous les détours de la dialectique.

Le grand flux démocratique, le grand dégueulis salivataire les a parfaitement amollies de l'âme et du pot. Ça rentre maintenant vraiment tout seul. Et plus ils sont énormes les cruels ! nombreux ! exigeants ! plus on les adore.

Dans l'ivresse on ne sait même plus lequel des bourreurs l'on préfère ? Juifs de Hongrie ? Maçons de Pesth ? Askenazimes de Cracovie ? Nervis du Levant ? Marranes de Lisbonne ? Tartares ? Kirghizes ? Huns ? Hottentots ? Ça serait encore à discuter. On s'en fait foutre à pleins ghettos. Jamais trop.

D'Évian, on nous a promis encore cinq cent mille, en plus des deux millions que nous possédons déjà. Ça devient une reluisance divine. C'est plus de l'endosse c'est du génie...

Au temps où Ricord enseignait vers 1850, on observait encore dans la clientèle d'hôpital, des syphilis tout à fait somptueuses, des tertiaires mutilantes magnifiques, tous les délabrements de la grande affection. Des vrais spectacles d'amphithéâtre. Voilà l'histoire que l'on raconte à propos de la grande vérole.

Ricord se trouvait en clinique, certain jour devant un malade tout particulièrement fadé, sphacélé, délabré de partout, rongé, des bourses, du scrotum. En pleine gangrène.

Il lui demande un peu pour voir de sauter, de rebondir, sur place comme ça... Là ! Saute ! Saute mon ami ! Saute encore ! Encore ! Écarte les jambes ! À force de sauter, tout se décroche, tout le paquet, secoué, trop secoué, arraché, tombe à terre.

C'est tout pareil pour les nations quand elles deviennent trop pourries. C'est les Juifs qui les font sauter, sursauter, rebondir encore. Jusqu'au délabrement suprême. Tout s'arrache alors, tout se décroche, on balaye. C'est terminé.

Réminiscences amusantes.

La Franc-Maçonnerie en plein effort, à la veille de 89. « Sous Louis XVI, l'intimité, la camaraderie qui régnaient sur les navires de guerre entre les chefs et leurs subordonnés conduisaient ces derniers à discuter les ordres qu'ils recevaient... Pour la manœuvre du navire l'inférieur donnait son avis, discutait, et les chefs, irrités, préféraient souvent céder plutôt que de se faire des ennemis.

« Ce fut précisément le relâchement dans la discipline qui coûta à la France la possibilité d'affermir l'emprise qu'elle avait mise sur les Indes. En 1782-83 la flotte française, numériquement supérieure et commandée par le plus habile des amiraux qu'elle ait jamais eu, Suffren, livra quatre batailles à l'escadre anglaise dans la mer des Indes et chacune de ces batailles resta indécise parce que les capitaines n'obéirent pas aux ordres de Suffren, n'agirent pas comme des unités constituantes de l'Escadre, mais suivant leur opinion au sujet de ce qu'il y avait à faire.

« *J'ai le cœur transpercé* – écrivait Suffren plus tard – *au souvenir de cette défection générale. Il est terrible de penser que j'aurais pu détruire quatre fois l'escadre anglaise et qu'elle existe toujours.*

« *Une seule de ces batailles eût été décisive et les communications des armées anglaises et des entreprises commerciales de l'Inde dont elles dépendaient eussent été entièrement coupées. Le manque de discipline coûta un empire à la France.* »

Majors Eliot et Dupuy :<br>
*Si la guerre éclatait...*

Actualités amusantes :

Maçonnerie 38 en plein effort. À la veille du Grand Triomphe Mondial Juif (Le super 89).

« Plus d'esprit de capitulation ! Le sort des Juifs du monde entier dépend de l'issue de cette lutte contre le fascisme. Nul ne peut plus nier que les Juifs sont devenus l'enjeu entre le fascisme et l'anti-fascisme. »

Bernard Lipschitz-Lecache : *le Droit de Vivre*.

Lipschitz lui au moins ne trompe personne ! *L'Humanité, le Populaire, le Jour* non plus ! Mais le P.S.F., ghetto du Colonel de la Rocque ? Voilà de l'excellent travail des Loges ! dans la meilleure tradition maçonnique : Simulacres ! Redressements pourrisseurs ! États-Généraux ! Connivences ! Les Amis des Amis de tous, etc.

« Je fais appel à tous les Israélites, et Dieu sait si nous en avons de très nombreux et de très chers dans nos rangs. »

La Rocque : discours de Lyon.

État-Major du colonel La Rocque-Ghetto :

*Carvalo* (Juif) secrétaire particulier de M. de la Rocque, placé là comme par hasard. F∴ *Pfeiffer :* ancien secrétaire du Parti Radical, l'œil de la Franc-Maçonnerie.

*Silbert* (Juif) délégué à la presse, de son vrai nom *Silberberg*. *Wormser* (Juif) conseiller aux comptes (achat du *Petit Journal*).

*Barrachin*, directeur politique, apparenté à la famille des Juifs Lazare-Weiller.

*Robbe-Cohen*, chef des parlementaires des P.S.F. dont la mère est Juive (famille Cohen).

*Devaud*, député du P.S.F., marié à une Juive (famille Gougenheim).

*Thibaut*, fils du violoniste Jacques Thibaut, dont la mère était juive (famille Goldsmith).

*Lange* (Juif) rédacteur au *Petit Journal*. *Treich* (Juif) rédacteur au *Petit Journal*.

*Schwob* dit d'Héricourt (Juif) commanditaire au *P.J.* (3 000 actions) ex V. N. du 16ème arrondissement, Paris.

*Sternberg* dit *de Armella* (Juif) commanditaire au *P.J.* (1 100 actions) ex V. N. du 16ème arrondissement, Paris.

*Javal* (Juif) commanditaire au *P.J.* avec 1 500 actions.

Historiographe du Colonel Ghetto : *Henri Malherbe*, de son véritable nom *Grünwald*.

Il est tout naturel qu'un jour prochain, le colonel Ghetto devienne, la guerre aidant, directeur de *l'Humanité* ; prophétie facile.

Le colonel Ghetto est aux gages, au service de la même racket israélite, que Messieurs Blum, Cachin, Thorez, Verdier, Lebrun.

Aucune différence essentielle. Autant de chefs de rayons de la même grande entreprise maçonnique. Rien ne les sépare.

Moi je m'en fous énormément qu'on dise Ferdinand il est fol, il sait plus, il débloque la vache, il a bu, son bagout vraiment nous écœure, il a plus un mot de raisonnable !

Quand vous prendrez sur l'avant-scène les joyeuses bombonnes d'ypérite, d'arsine, qu'on s'apprête à vous déverser, vous me direz si c'est raison ? Si le ciel vraiment vous estime à votre judicieuse valeur ?

Quand on viendra vous dépecer, vous épurer individuellement par dissections à vif des membres...

> Visitant la maison Ipatiev quelques jours après l'affreuse tragédie, le précepteur du tsarévitch, M. Pierre Gilliard, découvrait dans l'embrasure d'une fenêtre « le signe préféré de la tsarine (la croix gammée) qu'elle faisait mettre partout comme porte-bonheur ». Elle l'avait dessiné au crayon en l'accompagnant de la date de son arrivée : 17 avril 1918. Le même signe se retrouvait sur le papier du mur à la hauteur d'un lit. *le Temps*, 20 juillet 1938

Aryens, il faut toujours vous dire à chaque Juif que vous rencontrez que s'il était à votre place il serait lui nazi 100 pour 100. Il vous trouve en son intime stupide à dévorer du foin de n'avoir encore rien compris. Et plus vous lui donnerez des preuves de bienveillance, d'amitié, et plus il se méfiera, forcément...

À chaque seconde, il se demande si ça va durer toujours...

Il aime pas beaucoup vous regarder en face. Plutôt il vous bigle de travers, à la dérobée, comme on observe les cocus, de biais, vaquer à leurs petites affaires, encore pas inquiets du tout, encore très loin des orages.

*Je propose un décret : Le Travail est inhumain pendant la digestion.*

Prolétaires, ouvriers, paysans, cessez donc un petit peu de vous gratter, de vous tripoter, de vous distendre, de prétendre que vous êtes partageux jusqu'aux fibres, socialistes, communistes, égalitaristes fanatiques, vous n'êtes rien de tout ceci. Pas plus que Monsieur Jouhaux, pas plus que Blum, pas plus que Staline, pas plus que M. Lebrun, pas plus que M. Bader, moins que le charbonnier du coin.

Vous êtes tous, un pour chacun, férocement personnels, hypocrites, ravageurs, envieux.

Vous n'attendez que le signal des journées émancipatrices pour foncer sur le bazar et vous servir personnellement, vous régaler personnellement, tout en réglant au passage quelques petits comptes personnels, sur des ennemis très personnels. Jamais les révolutions n'ont servi à autre chose, celle-ci, la prochaine, la marxiste, sera encore pire que toutes les autres, perfectionnée.

Par la raison raisonnante, la dialectique matérialiste, l'enseignement obligatoire prosaïste, vous voici très au point, formant la plus belle horde hargneuse, muflisée, dénigrante, poubelleuse, ravagière, qui sera jamais tombée sous le caparaçon des Juifs, depuis Constantin.

Vous m'en direz des nouvelles.

Butés, jobards, sceptiques, présomptueux et cocus vous voici enfin prêts, affranchis pour les plus mirifiques réformes !

Ça va être propre ! Le progrès vous attend ! Progrès nous voici ! Frais comme l'œil ! Saouls comme trente-six papes ! Sanglants comme la Villette ! Cons comme une affiche ! comme trente-six millions d'affiches électorales ! Rationnels comme les chiots ! Ça ira ! Ça ira très bien ! C'est l'évacuation qui commence ! Sus aux bourgeois ! Allons-y !

Le bourgeois ? mais lui aussi c'est un chiot ! Et comment ! « L'homme chie... il a faim, c'est tout ! » Il est frère du peuple, le bourgeois ! sang par sang, bourgeois maudit ! Le frère envié ! trop jalousé ! Le frère qui a réussi ! Quelle situation dans le monde ! La plus adorable de toutes : Bourgeois ! Votre idole rationnelle Peuple !

Votre Dieu fait Bourgeois !

Vous ne rêvez que d'être lui, à sa place, rien d'autre, être lui, le Bourgeois ! encore plus que lui ! toujours plus bourgeois ! C'est tout ! L'idéal ouvrier c'est deux fois plus de jouissances bourgeoises pour soi tout seul. Deux fois plus de boyaux, deux fois plus gros, deux fois plus long pour soi tout seul (22 mètres au lieu de 11). Deux, trois autos plutôt qu'une, quatre forts repas par jour, huit apéritifs, et pas d'enfants du tout, donc trois fois plus d'économie. Une super bourgeoisie encore bien plus tripailleuse, plus motorisée, beaucoup plus avantageuse, plus dédaigneuse, plus conservatrice, plus idiote, plus hypocrite, plus stérile que l'espèce actuelle : qui ne pensera plus à rien, qui ne rêvera plus à rien, sauf au menu du prochain gueuleton, aux bouteilles qu'on pourrait boire, avec trois ou quatre gosiers, bedaines en plus. Et puis alors « vivent les gendarmes ! » Un coup ! vivent tous les gendarmes ! et les gardes-mobiles ! et les Propriétés Foncières.

Boyaux avides prolétaires contre boyaux contractés bourgeois. C'est toute la mystique démocratique. C'est consistant, mais ça rampe, c'est lourd, ça fatigue, ça pue.

Pensez-vous que cette farce, cette gangrènerie poussive puisse durer encore très longtemps ? Salut !

Nenni mes beaux sires ! Nous y sommes !
La chandelle est morte
Je n'ai plus de feu !
Ouvrez-moi la porte, crapauds rouges !
Entrez Merveilleux !

Têtes d'épingles, vous n'avez compris dans le communisme que l'admirable instantanée façon d'assouvir immédiatement, en férocité, au nom d'une nouvelle pureté, vertu prolétarienne, inexistante, toutes vos rancunes de rentiers ratés, de chacals déçus. Votre plan intime, personnel, ne va pas plus loin. Je vous connais assez bien.

Évidemment, l'*Humanité* parle pas comme ça. Tout flatteur vit aux dépens... et dans la terreur des masses.

93 ! 71 ! 36 ! grandes masses démocratiques à la gloire du Peuple-Dieu ! du Peuple-Bétail !

Peuple-Dieu dans les paroles, Peuple-Bétail dans les faits. Peuple pour tous les Abattoirs.

Mais qu'avez-vous donc fait de votre fienterie personnelle ? de votre égoïsme de pourceaux sournois ? de votre fainéantise spirituelle ? de votre mesquinerie ragoteuse ? De votre rage éternellement dénigrante ? De votre paresse vinassière ? Où les avez-vous cachés tous ces trésors prolétariens, Masse de masse ? pendant la grande Élévation ? Le grand service divinatoire populiste ? La sublimation du peuple ? Peuple-Roi ? Peuple-Dieu ? Peuple-Tartufe ?

Un système social quelconque livré aux instincts magnifiques du peuple (*Humanité* dixit), système de n'importe quelle formule, la plus ingénieuse, la plus méticuleuse, la plus astucieuse, la mieux équilibrée, ne peut aboutir après huit jours, quinze jours de tentative qu'aux gigoteries sadiques, aux cirques de décapités, aux pitreries infernales genre Russie, genre Bela Khun, genre Barcelone, c'est écrit. C'est gagné d'avance.

À table ! peuple ! aux aveux marrants ! Sournois martyrs ! Damnés coquins ! Vous vous cognez éperdument tout un chacun du sort de votre classe ! C'est le dernier de vos soucis prolétaires, le sort de votre classe ! Qu'ils y restent donc tous dans la merde, les frères de classe ! pourvu que vous, personnellement, vous trouviez le filon d'en sortir. Vous faites tous, toutes les grimaces du communisme. Vos convictions ne dépassent pas la grimace, le beuglement. Les voix ne coûtent rien. Les bulletins non plus.

La conscience de classe est une foutaise, une démagogique convention. Chaque ouvrier ne demande qu'à sortir de sa classe ouvrière, qu'à devenir bourgeois, le plus individuellement possible, bourgeois avec tous les privilèges, les plus exécrables, les mêmes égoïsmes implacables, les mêmes préjugés, renforcés, les mêmes singeries, toutes les tares, la même avarice et puis alors une de ces haines pour la classe ouvrière ! Le prolétaire, le militant le plus ardent, il a envie de partager avec son frère damné de classe, à peu près comme le gagnant à la loterie nationale, il a envie de partager avec tous ceux qui ont perdu. Il veut bien partager la merde ce prolétaire, mais pas le gâteau. Il donnerait même bien à ses frères de classe toute la merde pour avoir lui tout seul tout le gâteau.

Sa ventripotence juive Jouhaux, avant de devenir empereur à la C.G.T., il avouait assez carrément ne l'avoir jamais rencontrée, la conscience de classe.

Elle a donc surgi depuis peu la conscience de classe ? Ça m'étonnerait, j'ai rien vu. Pas plus de communisme véritable dans les classes prolétariennes que de pâquerettes au Sahara.

Aussi loin d'un « fidèle lecteur », d'un effervescent de la « Base » au communisme authentique, que de la chaisière bigoteuse à Sainte-Thérèse d'Avila.

Le communisme est avant tout vocation poétique. Sans poésie, sans ferveur altruiste brûlante, purifiante, le communisme n'est qu'une farce, le dépotoir de toutes les rages, de toutes les rancunes plébéiennes, le tréteau pourri de tous les faisans, de tous les barbeaux tragiques, de tous les Juifs en performance d'imposture talmudique. À combien d'univers sommes-nous de cette Grande Passion altruiste ? Unanime ? de la foi communiste ? jamais en défaut, jamais en tricherie, jamais en exploitation ? De ce fameux « état d'amour » dont le peuple et le bourgeois ont continuellement plein la gueule, qu'ils n'arrêtent pas d'invoquer, mais qui leur sert jamais qu'au cul, une ou deux fois par semaine, avec beaucoup de poils autour et tout pourri de jalousie.

À combien d'Univers ?

On ne devient pas communiste. Il faut naître communiste, ou renoncer à le devenir jamais. Le communisme est une qualité d'âme. Un état d'âme qui ne peut s'acquérir. Rien ne peut modifier, atténuer, exalter le ton, la valeur, la joie d'une âme. Propagandes, éducations, violences, intérêts, souffrances, et même le fameux Amour n'atteignent pas l'âme. L'âme s'en fout.

Le fond d'un homme est immuable. L'âme n'apprend rien, n'oublie rien. Elle n'est pas venue sur la terre pour se faire emmerder. L'âme n'est chaude que de son mystère. Elle y tient, Elle le défend. Elle y tient par-dessus tout, envers et contre tout. La mort qui refroidit tout ne saisit pas toujours l'âme, elle se débrouille.

L'airain, le platine, le diamant ne sont que flexibles, ductiles, capricieuses, très impressionnables substances comparées à l'âme, à l'effroyable immutabilité d'une âme.

Rien ne peut l'atteindre. Du premier au dernier souffle la même pauvreté, la même richesse, exactement. Tous les bavardages, toutes les menaces, tous les charmes, tous les subterfuges flanchent, se dissipent devant sa porte, ne pénètrent jamais. Rien ne peut l'appauvrir, rien ne peut l'enrichir, ni l'expérience, ni la vie, ni la mort. Elle s'en va comme elle est venue, sans rien nous demander, sans rien nous prendre.

Le communisme dans la pratique c'est l'unanimité des âmes, des âmes toutes communistes, toutes altruistes, toutes embrasées de passion unanime.

Qui ? Que ? Où ? Comment ? Recrutement ? D'où vont surgir ces sublimes effectifs ?

Imposture grotesque dans l'état actuel des hommes ! Vous dites ?

Ces morveuses, ravageuses, hagardes hordes dénigrantes, enlisées dans les ragots, délirantes de conneries mesquines ? Ces anthropophages ? sournois ? Ces chiens de tous les charniers ? Ça ? Communistes ? Merde ! Vous abusez des animaux ! Nos sociétés croulent sous les richesses matérielles, mais elles crèvent de pauvreté spirituelle.

Le fanatisme objectiviste nous tue. L'homme vole ? mais c'est un étron qui s'envole, l'esprit ne s'enlève pas, jamais la pensée ne s'est tenue plus basse, plus rampante, moins ailée, moins délivrante.

Foutre des poésies mécaniques ! Poésie est morte avouons-le !

Tous nos Arts gisent grotesques, lourds rebuts raisonnants, surchargés d'astuces malheureuses, de mufleries tragiques.

Le Communisme raisonnable crèvera dans cette civilisation sans poètes comme tout le reste.

Le Communisme doit être folie, avant tout, par-dessus tout, Poésie.

Le Communisme sans poète, à la juive, à la scientifique, à la raison raisonnante, matérialiste, marxiste, à l'administrative, au mufle, au peigne-cul, au 600 kilos par phrase, n'est plus qu'un très emmerdant procédé de tyrannie prosaïque, absolument sans essor, une imposture juive satrapique absolument atroce, immangeable, inhumaine, une très dégueulasse forcerie d'esclaves, une infernale gageure, un remède pire que le mal.

P rolétaires, communistes vous l'êtes sûrement moins, beaucoup moins que Louis XIV. Il avait le sens de l'État ce fastueux emperruqué. Vous ne l'avez pas du tout. L'État, pour vous, c'est une vache, comme pour les bourgeois. Vous lui disputez les tétons. Lutte de classes !

Bourgeois, Prolétaires, vous êtes devenus si méchants, tous les deux, par la raison raisonnante, la muflerie calculante, le débrouillage forcené, qu'on peut plus vous réunir qu'à coups de trompette guerrière. C'est la sonnerie des massacres qui peut seulement vous rassembler.

Bourgeois, ouvriers, pas plus cher les uns que les autres. Vous n'avez retenu tous les deux, à travers tant de croyances, que les immondices. De toutes les Églises, à travers les siècles, relevé que les pires conneries, les préjugés, les singeries, grimaces, toute l'ordure de chaque religion, les plus désastreuses charogneries. Le « chacun fait son salut comme il peut » des premiers apôtres (déjà juifs), vous a menés parfaitement de Rome à 93. « Le Paradis n'est pas au ciel, mais sur la Terre et en tout Or » des nouveaux apôtres (toujours juifs) va vous mener un peu plus loin. On va rire. Le communisme c'est exactement le contraire de ce que désire le Peuple.

L'âme des prolétaires : une envie... L'âme des bourgeois : une trouille.

Vous n'avez jamais respecté, vénéré, les uns comme les autres que la trique, d'où qu'elle vous tombe.

Dans chaque Révolution, vous n'avez jamais compris, admiré les uns comme les autres qu'un genre de Tombola terrible, fantastique, à la vinasse et au sang, où les plus fauves, les plus sournois, les plus vicieux, les plus tueurs, gagnaient à coup sûr.

Et pas une trique d'opérette qu'il vous faut ! Non ! Non ! Non ! Du gourdin ! terrible, impeccable. Le grand dressage, sans pitié, inexorable. L'étrivière féroce, l'assommoir parfait, la trempe absolue pour le mutin, le frondeur, le badin, le causeur, le bel esprit. La volée gouvernementale annihilante, sans réplique, réconciliatrice, rédemptrice, rénovatrice, miraculeuse.

Observez un peu les choses. Si vous vous rendez aimable avec un chien, il vous comprendra peut-être, il vous mordra peut-être pas. Vous pouvez risquer. Mais avec un homme ? Vous êtes cuit d'avance. Il ne comprend que la violence, le sang, les raclées atroces. Et plus il en reçoit et plus c'est beau. Il trouve jamais que c'est trop. La preuve : les guerres !... Il s'en faut de cent mille élevages, de cent et cent mille sélections raciales, éliminations rigoureuses, (entre toutes celle du Juif) avant que l'espèce ne parvienne à quelque tenue décente, aux possibilités sociales.

Tous les végétaux, tous les animaux ont passé par la sélection. Pourquoi pas l'homme ? Ce qu'on a fait pour la betterave, pour le porc, pour la basse-cour, on peut pas le tenter pour nous ?

Par l'effet de quelle providence le chien est-il devenu fidèle, vigilant ? sociable ? La vache, laitière ? Le cheval, trotteur ? Le coton, cotonneux ? Le mouton, tout en laine ? Le blé, panifiable ? Le raisin, buvable ? Le serin, vocaliste ? Par la sélection raciste, par l'élimination très stricte de tous les immondes, avant le dressage, de tous les confus, les douteux, les hybrides néfastes, de tous les sujets trop bâtards, récessifs.

Pour traquer le diable dans l'homme, exorciser l'homme, deux seuls moyens conjugués : l'Élevage et la Trique.

Et puis d'ailleurs l'homme le sait bien, d'instinct. Nous n'avons rien à lui apprendre. Il nous joue la comédie, il se joue la comédie du Progrès, du Relèvement par les phrases. Il n'est pas dupe, il est fixé parfaitement. Dans les entr'actes du boyau, gavé, on ne trouve pas pire masochiste que l'homme.

Pour le désir de punition il a pas son pareil l'homme dans toute la série animale. La preuve encore : les guerres.

C'est un avide de martyre, des cent mille tortures. Dans ses bons moments il sent que ça lui fait du bien, que c'est par là son salut. Il souffre de ne pas souffrir assez. Jamais assez. Les dresseurs très féroces lui manquent. Il y supplée comme il peut. Ça commence au martinet et ça finit dans les barbelés. Mais c'est du gâchis perpétuel, des tortures bâclées, improvisées, absurdes.

Moi, qui visionne, je les vois très bien comment qu'elles devraient défiler, les masses des masses. Pas du tout comme actuellement, pleines de prétentions, plein la gueule. Mais non ! Mais non ! Plus du tout hostiles, plus désordres. Ouvriers, prolétaires, bourgeois, en chiens de faïence, mais non ! mais non ! tous très bien ensemble sous la même bannière ! Et comment ! Absolument fraternels. Des calicots grandeur immense ! Plus grands qu'on aurait jamais vus ! bâtards, braillards, haineux, croquants, raisonneux, morveux, tordus, louchons, râleux, pour une fois bien tous unanimes, réconciliés, à pleins chœurs, âmes déployées, pour une fois joliment sincères.

C'est la trique ! C'est la trique !
C'est la trique qu'il nous faut !
Oh ! Oh ! Oh ! Oh !

Ça serait pas du flan cette fois-là, ça serait conforme au grand dressage.

Staline, il s'y connaît un peu. Hitler, il est pas cave non plus. Mussolini, pour la musique... Franco, attendez donc qu'il gagne...

Les Mexicains ils se demandent... ils ergotent encore. C'est des écoles qui se cherchent... qui sont aux épreuves de technique.

À qui a profité je vous le demande un petit peu le Front populaire ? Aux Juifs strictement et aux maçons, (juifs synthétiques). Les Aryens ont tout paumé. Bourgeois, ouvriers, paysans, petits commerçants, artistes, petits fonctionnaires : repassés.

C'était écrit ! Dandins ! Vous l'avez voulu ! Inventaires des joyeux gagnants :

Les Trusts juifs, les Prix Uniques, les Banques juives, Florès ! trois, quatre, cinq dévaluations ! Quelle manne ! Les politiciens juifs ou enjuivés, les hobereaux du Syndicalisme, l'empereur démagogique juif Jouhaux, les petites satrapes de Cellules, toute l'obédience des Loges, les bourriques au train du complot et les Bistrots, ces Loges du Pauvres. Toute la Racket du plus grand asservissement, du plus grand abrutissement, les barons de la Cocaïne (dont les rabbins de la Cocaïne), les acheteurs de biens, d'hypothèques (tous juifs), les marchands de canons, d'avions, (tous juifs ou enjuivés essentiellement), nos deux cents familles juives, nos deux mille familles juives internationales, nos grands Molochs affameurs, affairistes, mobilisateurs, nos Rothschild, nos Lazares, nos Cohens, nos Sterns, nos Pâtenotres, nos Baders, nos Dreyfus... Jamais mieux passionnément obéis, régalés, comblés, adorés... enfin, de la même canaille youtre, les touristes, dits visiteurs providentiels ! releveurs du commerce, soi-disant ! en réalité très désastreuse engeance au pillage de nos derniers stocks, de nos dernières camelotes qu'il faudra racheter à prix d'or, chez eux, l'hiver venu. La Gribouillerie parfaite.

Ce pays, Royaume des Larves, des enflures saoules, par le bonneteau politique, le jeu des paniques, des grèves perlées ou formidables, les fripouilleries bancaires endémiques se trouve aux 9/10 $^{\text{ème}}$e ruiné.

Et puis encore le petit dixième qui reste, l'ultime subsistant, faudrait pas se faire d'illusions, il a aussi pris le train de même. Il est là-bas comme tout le reste de patrimoine dans les fourrières de la Cité, dans la cave des Juifs. C'est gagné ! Trois centimes qu'ils nous ont laissés sur un franc ! et trois millions de morts ! De fil en aiguille, de démagogie en loisirs, l'industrie française est retombée en enfance. Si les juifs hésitent un tout petit peu à nous ruiner à zéro, comme ils pourraient très bien le faire du jour au lendemain, c'est pour pas vider la bête complètement, avant qu'elle arrive aux Arènes, à la suprême Corrida, qu'elle fournisse encore une course à peu près décente, que les spectateurs lointains en aient tout de même pour leur pognon.

Mais, enfin, ça va se terminer. Ça peut pas durer toujours, les sursis.

Qui donc a mis comme ça Rothschild sous les verrous ? pour spéculations ?

C'est pas Schussnig, c'est pas Cachin, c'est pas Jouhaux, c'est pas Blum, c'est pas Chamberlain, c'est pas Staline, c'est Hitler. Quel est le véritable ennemi du capitalisme ? C'est le fascisme. Le communisme est un truc de Juif, un moyen d'asservir le peuple plus vachement encore, absolument à l'œil.

Quel est le véritable ami du peuple ? Le Fascisme.

Qui a le plus fait pour l'ouvrier ? L'U.R.S.S. ou Hitler ?

C'est Hitler.

Y a qu'à regarder sans merde rouge plein les yeux.

Qui a fait le plus pour le petit commerçant ? C'est pas Thorez, c'est Hitler ! Qui nous préserve de la Guerre ? C'est Hitler !

Les communistes (juifs ou enjuivés), ne pensent qu'à nous envoyer à la bute, à nous faire crever en Croisades.

Hitler est un bon éleveur de peuples, il est du côté de la Vie, il est soucieux de la vie des peuples, et même de la nôtre. C'est un Aryen.

Les « chiens enragés de l'Europe » sont de ce côté du Rhin, Maurras !

Nos meneurs à nous, nos ministres ne sont que des larbins de juifs, Jean-Foutres maçons, envieux bousilleurs, arrivistes insensibles, qui se foutent de notre existence comme de leur première couche-culotte. Ils nous sacrifient tout naturellement, c'est leur fonction naturelle. Ils nous flattent et nous chient.

> Ça serait intéressant de savoir combien il y a eu de suicides de soldats, (active et réserve) pendant la dernière semi-mobilisation.

Les Juifs c'est leur souci principal, leur grande pensée, leur grand dada, l'Armée française démocratique. Ils ont misé des sommes énormes, les Juifs, sur l'Armée française. Il faut que les choses se passent très correctement, que rien ne flanche, que ça mobilise dans les règles, sans anicroches, sans trafalgars, sans ombre au tableau, dans le plus fol enthousiasme, au moment le plus opportun, sur un « casus » amené aux pommes par le plus grand Kahal, quelque brûlot patriotiquement parfait, impeccable, irrésistible, que la croisade antinazie commence pas par des cafouillages, par des débandades ignobles, des guerres civiles dégueulasses. Non. C'est impossible.

De l'Union nationale ! Because ! Un peu molo s'il vous plait, là-bas sur les bases... Pour la propagande !... Minute ! Attention les brutalités... Virulents... toujours, certes... mais raisonnables... Pas l'impossible !... Attention, les extravagants... les persécuteurs de « mous »... du tact !

Ça va ! Ça va !... le communisme compréhensif... Contingent... Beaucoup de mains tendues... Ça fait plaisir... Ça ne coûte rien... Recommandé !

Plus du tout de confiscations ! de reprises intégrales, de jacobinisme 100 pour 100... On reparlera de tout ça plus tard...

De trop nombreux camarades ont maintenant leur voiture... Faut pas froisser pour des vétilles des personnes de condition... des damnés qu'arrivent à se faire dans les 160 francs par jour... le moment est mal choisi... De la tactique s'il vous plaît... De la compréhension mutuelle... du savoir-faire... Rentrez ces terreurs !

Lénine, lui-même, savait biaiser, surseoir, planquer, attendre une meilleure époque. Les fous seuls vivent dans l'absolu.

Contingences... Confiance... Tactique... Adresse... Confidences...

Les bourgeois ça leur file des transes, des aigreurs atroces d'entendre gueuler « Soviets partout ! Soviets tout de suite ! »

Ils y tiennent à leurs papiers de rente. « Qu'ils s'en torchent ! mais qu'ils les gardent ! Foutre ! Les jolis ! »

Voilà ce que répondent les maçons. Ne rien détruire, tout pourrir, c'est le dernier mot des Loges. Que tout s'écroule, mais sans fracas, sans émeute. Les Français de droite comme de gauche, sont conservateurs avant tout, par-dessus tout, ils redoutent les changements sociaux pire que la peste, pire que la guerre.

Ne plus retrouver leurs habitudes c'est la fin du monde, pour les Français authentiques, de droite ou de gauche. Le peuple pour les habitudes il est encore pire que les plus naphtalants bourgeois. Une fois l'ouragan passé il se précipite sur les décombres, le Peuple, il sauve tout ce qu'on peut sauver, il ramasse tout, il reprend tout, les pires vacheries, les pires impostures, les pires fariboles, les pires préjugés, toutes les morales les plus crasseuses, il va aux nues que de sottises, il repompe tout ça, il rafistole, il adopte. C'est son sentiment. Pas affranchi pour deux ronds.

S'il fait des révolutions, le peuple, c'est pas pour se libérer, c'est pour réclamer des Tyrannies plus solides.

S'il y a une chose qu'il déteste le peuple, c'est la Liberté. Il l'a en horreur, il peut pas la voir.

Le Peuple c'est un vrai Musée de toutes les conneries des Âges, il avale tout, il admire tout, il conserve tout, il défend tout, il comprend rien.

Le petit bourgeois ce qui le tracasse, le coagule, le chiffonne énormément c'est la destruction des rentes, la fonte des économies, il peut pas s'y faire, ça le dépasse. Ça le démoralise. C'est trop d'escroqueries coup sur coup.

Qu'à cela ne tienne ?

Toutes les concessions doctrinales pourvu que Petit Bourgeois laisse pas tomber l'armée française, reprenne sa place aux effectifs, qu'il bondisse à la gare de l'Est, qu'il saute sur les marche-pieds aux premiers roulements du tambour, qu'il fournisse, encore une fois, les cadres à la pipe ! Voilà l'essentiel ! Les Cadres ! La très impérieuse condition du prochain tabac ! Les Cadres ! C'est tout bourgeois les petits cadres ! Gafe ! Pas de divagueries ! Pas de dorages de pilules ! C'est tout cuit ! Impossible de mobiliser sans les petits cadres petits bourgeois ! C'est midi !

On irait jusqu'à rembourser à Petit Bourgeois l'Emprunt Russe pour qu'il retrouve sa vaillance, tout son cran, tout son moral avec ses coupons, son patriotisme exultant, toute sa combativité, sa joyeuse furia de 14 !

Petits Bourgeois ! En avant ! les Incomparables !

La partie vraiment sérieuse, essentielle de l'armée française, sans aucune substitution, suppléance possible, c'est la gradaille petite bourgeoise. Tous les bacheliers dans la danse ! Sans les petits gradés bourgeois, sergents, serre-files, lieutenants, capitaines de réserve, l'Armée française existe plus. La horde seulement, comme ça, toute seule, c'est la débraillerie qui commence, la foire aux Armées, le vertige de toute la canaille. À la première anicroche ! Tatouille ! Catastrophe ! C'est pesé ! Ça se terminerait en huit jours. Les petits cadres ne se recrutent bien que dans la petite bourgeoisie, évolutions de masses impossibles, plus de raccrochage au terrain.

La ténacité, le ressort, la tête de cochon dans le malheur, la fierté du devoir accompli, le sens hargneux du sacrifice, toutes ces balancelles sinistres sont des vertus petites-bourgeoises, très proches parentes traditionnelles du « très bien savoir se priver », du « jamais rien prendre à crédit », de la « prévoyance du lendemain », de la « féroce économie », de « l'existence pauvre mais honnête », du « rien demander à personne », du « faire honneur à ses affaires ».

Ces dignités cafardeuses font merveilles sur les champs de batailles. Elles valent à l'armée française ses extraordinaires petits cadres, admirablement sérieux, valeureux, de bravoure tranquille, sans limites, infiniment prévoyants de toutes les embûches, inlassablement redresseurs de toutes les situations, les plus précaires, les plus effroyables, jamais défaillants, jamais déprimés, jamais vautrés, jamais saouls, jamais exigeants pour eux-mêmes, jamais gaspilleurs, d'hommes ni de mots, toujours regardants, toujours soupçonneux des démonstrations coûteuses, pas spectaculaires pour un rond, petits gradés parfaitement responsables, jamais gaspilleurs de rien, ni d'un chargeur, ni d'une gamelle, ni d'un homme, anti-prodigues, seulement généreux de leur propre sang et jusqu'à la dernière goutte et pour les autres, pour leur escouade, leur unité.

Toujours les premiers à la pipe, sans arrière-pensée de gloriole ou de récompense. Citations et médailles peuvent pas beaucoup les régaler vu leurs dispositions jalouses, hargneuses, dénigrantes. Ils se trouvent mieux dans le devoir tout sec. Les honneurs pour autrui les vexent, les honneurs pour eux-mêmes les gênent.

Petits Bourgeois de la sorte, si crasseux, si rebutants, si dégueulasses, si peu lyriques en temps de paix deviennent facilement à la guerre des drôles de héros formidables, martyrs extrêmement susceptibles qui ne demandent rien à personne et calanchent comme ils ont vécu, dans la haine des témoignages et des appréciations flatteuses.

Vous pensez bien que les Juifs sont parfaitement au courant de ces qualités petites-bourgeoises si authentiquement guerrières, si parfaitement combattantes. Y a pas de bassesses qu'ils ne fassent en ce moment pour envelopper Petit-Bourgeois, pour qu'il boude pas à la Croisade, qu'il laisse pas tomber ses galons.

C'est pas les cohortes ouvrières rugissantes de bourdes conasses, perdues en pitanche, pourries de slogans marxistes, absolument hébétées, larbinisées, vachardisées par les jérémiades revendicatrices, qui vont comme ça, du jour au lendemain, relever les petits-bourgeois dans les petits cadres ! Clopinettes !

Prolo a pas le sens du devoir, il faut que le boulot le conduise, sans pointeau il existe pas. Sans la gradaille bourgeoise au cul, tout seul, c'est plus qu'un Robot jouisseur, un anarchiste fade. C'est la petite bourgeoisie, en France, qu'est la classe sérieuse, pas mystique, mais consciencieuse. Le peuple il est rien du tout, que de la gueule et du moindre effort.

C'est la petite bourgeoisie qu'a l'habitude de se priver, de se refuser tout plaisir, de même jamais rien désirer d'agréable, de prévoir toujours les pires catastrophes et toujours en définitive de se trouver marron, encore responsable. C'est pas le peuple.

Voilà l'entraînement à la guerre 100 pour 100 ! Incomparable ! L'État-Major il est pas fou, il se rend bien compte que, sans les petits cadres petits-bourgeois les pommes sont cuites. D'abord les gradés ouvriers jouissent d'aucun prestige sur le peuple. Pas de bachot, pas de prestige ! Le peuple, dans les circonstances graves, il veut avoir des cadres bourgeois, des bacheliers.

L'ouvriérisme c'est pour la gueule, pour les élections, pour les chorales, pour *l'Humanité*, pour le Théâtre, c'est pas pour les moments tragiques. Pas plus qu'un médecin né du peuple ça fera jamais un vrai médecin pour les ouvriers. Ça n'existe pas.

Qu'ils reprennent donc tout de suite leur autorité sur le trèpe les petits bourgeois ! Et que ça saute ! Et que ça fulmine ! le Salut de la Patrie l'exige ! Avant tout ! qu'ils empaquettent tout ce bétail ! qu'ils emmènent tout ça dégueuler dans l'Est leurs cent mille sottises, toute leur tripaille de cocus, dans les bourbiers

Maginot, dans la folle farandole Marseillaise Internationale ! Sous les torrents d'ypérite ! La situation rétablie ! Les hiérarchies retrouvées ! restaurées, les choses redevenues normales ! Très bien ! Parfait ! Soupirs !

Ah ! Les affranchmanes ! Les insatiables de justice ! On va vous servir ! Les Lions de cellule ! Attendez mes turlupins ! Vous allez jouir ! On vous estime à vos valeurs en très haut lieu ! On vous prépare des fins d'artistes ! Des révélations mirifiques sur vos authentiques natures ! Bougez pas ! Des reluisances impériales ! Le Bastard, fils de Céleste ! Mérotte Alphonse ! Laridon Paul ! Portu Joseph Marmadou Louis ! Sengoux François ! tous répartis bien en guirlande autour du lieutenant Verlet Jules, licencié en Droit. Ça va, Madame la Marquise, très bien ! Des agonies pas banales ! vous finirez en vraies dentelles ! Plein les barbelés ! Vous finirez transparents, frémissants aux moindres rafales, ondoyants aux bouffées d'obus. Quels trépas ! Héros des viandes rouges ! Limés, repassés, fondus, lustrés, empesés, mousselinés par les tanks, vaporeuses résilles ardentes, oriflammes d'or et de sang.

Vous entrerez dans l'Histoire, drapeaux tout vifs, tout « rouges internationaux » de tout le sang des goyes, classes unies.

Jéroboam Pelliculman viendra vous prendre en photos, comme ça, merveilleux, suspendus, pour les « Regards de la Victoire », le super-youtro-périodique, l'hyper-prodigieux illustré de la ferveur Croisadière. Le nouvel organe « jusqu'au bout » du parti central communiste.

Vous enflammerez les « morals » rien que par la vue de vos carnes, décomposées, dansantes dans les brises.

Rachel Madelon, Max Préput, chanteront vos trépas sublimes aux A.B.C... Alors ça vous dit rien, figures ? Vous êtes pas émoustillés ? On vous prépare toute la gloire, vous avez plus qu'à rejoindre... Merde ! Rien vous suffit !

Saisissez-vous un peu les tendances ? Allons, maniez-vous ! D'abord votez bien patriote et même « Oignon national », le prochain coup, plutôt radical dans l'ensemble, aux élections 41 (si on vous laisse le temps) au commandement juif. Les Anglais voteront plus à gauche, plus agressifs, anti-fascistes très exigeants.

Une fois que vous serez partis, biffins, fleur au fusil, faire des prouesses dans les mitrailles, ils épauleront tous vos efforts, les Anglais, toutes vos vaillances, par l'aviation, la Navy. Vous serez bien contents. Leurs Loges milliardaires et Royales prêteront tout leur concours au parfait service des Étapes. Vous les retrouverez, les Anglais, aux bifurs, prestigieux et reposés. L'Angleterre c'est tout plein d'Élites, toujours prêtes à jouer les beaux rôles, élevés, distingués, officiels, les fonctions d'arbitre dans les corridas « jusqu'au bout ». Et la prochaine sera fadée. Ce sera une merveille de rendement, d'organisation. Remarquez déjà la classe du grand travail préparatoire.

Vous ne faites rien, ne décidez rien, Français, ouvriers, bourgeois. Vous ne pensez rien, vous ne savez rien, vous ne votez rien, vous ne hurlez rien, qui n'ait été ordonné, manigancé, mijoté, ourdi pour votre gouverne, des années, des années d'avance par l'*Intelligence Service*.

N'est-ce pas splendide ?

Votre destin est en fiches à « White-Hall ».

Vous serez expédiés, wagonnés, retranchés, éclatés, émiettés à l'heure W. — H. pour la jubilation des Banques, des Rabbins, du Komintern, de la Grande famille ?

Tout cela est écrit, inscrit, répertorié, prévu, dans les plus infimes détails avec les poids, les qualités, les nervosités, les convictions de toutes les viandes, de toutes les provenances, pour chaque pays, chaque province, chaque bataillon. Vous n'existez plus, vous n'êtes déjà plus que des souvenirs. Vous n'en savez rien ! Ça c'est prestidigitateur !

Faut bien qu'on en reparle… C'est une rengaine, mais ça ne fait rien… La gravité de la chose… Qui nous trame, trafique, ourdit, provoque toutes nos révolutions ? Tous nos désastres ? Toutes nos guerres ? Tous nos massacres ? Notre perpétuelle répugnante débâclerie ? La Juiverie ! Messieurs, Mesdames ! Et surtout la juiverie anglaise ! Le condensé virulicide des plus pernicieux vibrions de toute l'espèce youtre, les mieux préparés, par passages, mijoteries innombrables, séculaires à nous fermenter davantage, nous liquéfier, nous puruler, nous corrompre fantastiquement, et puis nous repiquer encore, requinquer en transes belliqueuses, aux tétanismes furioso-démagogiques, aux obscénités suicidaires, à la merde 93, et puis nous sonner de nouveau, nous affaler dans les chiots du Suffrage Universel, tous saignants, par regardables, perdus, léthargiques.

Et ça continue la musique ! et ça finira jamais ! les accès, les transes, les gigoteries épileptiques ! Tant que les judéo-britons l'auront si facile de nous mettre en boîte, y a pas de raison que ça se termine. Notre destin est Catastrophe.

Marlène Dietrich ne pouvait rien, qu'elle prétendait, contre l'amour. Elle avait pas de résistance.

Nous non plus, on en a pas contre les vacheries de « l'*Intelligence* ». On est de même, on se refait pas. On est des « voués ».

Elle nous mine, elle nous ravage, elle nous saccage, elle nous éreinte, elle nous pourrit de mille manières, comme elle veut. Jamais un mot dissonant. L'engeance vibrione juive anglaise peut effectuer sur nos viandes les plus folles proliférations, les plus gangreneuses, les plus nécrosantes, les plus déconcertantes de délabreries très horribles. Jamais une remarque.

Nous nous prêtons d'enthousiasme, adorablement, aux plus guignolesques, abracadabrantes charogneries (14 et la suite), du moment qu'elles sont inspirées, ordonnées par « l'*Intelligence* ». Nous raffolons de nos vautours, de nos diaboliques. C'est notre masochisme à nous, national, notre vice « étranger », notre exotisme au nord. Qu'ils nous détruisent ! qu'ils nous dépiautent ! qu'ils nous vident ! qu'ils nous retournent le blanc des yeux. On aime ça. On aime ça, on leur appartient corps et âmes ! On est leurs cobayes, leurs folles viandes d'essai.

C'est nous les parcs sociologiques des pires comploteries maçonniques, de toutes les vivisectionneries expérimentales, de toutes les guerriologies furieuses. Rien ne nous rebute. Rien ne nous semble excessif.

Jamais de refus. Jamais un mot disparate. La vraie devise des Français 1938 :

« Tout pour les Youtres d'Angleterre ! Tout pour Ben John Bull ! »

La Cité, « l'*Intelligence* », la Cour juive anglaise sont parfaitement responsables, depuis Cromwell, de toutes nos faillites, de toutes nos débâcles, en tous genres : continentales, coloniales, sociales, monétaires, spirituelles.

La Grande Maçonnerie anglaise et la nôtre dans l'obédience, nous maintiennent impeccablement dans les moyennes putréfactions.

La fantastique, interminable prospérité judéo-britannique n'existe, ne dure, ne peut durer sans éclipses, qu'en fonction de notre servitude, de notre ahurissement, de notre débilité, de notre endémique anarchie.

Une France toujours bien faisandée, politiquement bien grotesque, velléitaire, hâbleuse, cafouilleuse, toujours tout près de la faillite, budget jamais en équilibre, docile à tous les ordres bancaires, c'est-à-dire aux crochets de Londres, est une France extrêmement maniable, infiniment agréable aux Lords talmudiques de la Cité.

Jamais de résistance ! une véritable providence ! Selon l'heure, les circonstances, y a qu'à nous agiter un peu, nous attiser, nous filer encore quelques secousses, un peu de panique, nous tritouiller, nous raviver la pourriture, nous asperger, si c'est le moment, de quelques révulsifs scandales (Panama-Dreyfus-Stavisky). Et ça repart de plus belle ! et ça refume ! ça refermente ! on est de plus en plus pourris ! C'est un plaisir !

Comme ça qu'elle nous entretient juste devant sa porte l'Angleterre, qu'elle nous possède à la fourche, un purin splendide ! plus ou moins croulant, juteux, gonflé, raplati, à son aise, toujours prêt à se faire envoyer lui fumer d'autres bénéfices, d'autres comptoirs britanniques un peu partout. Ça va ! Ça va ! Ça ira !...

Jamais ils l'ont eue si facile les business judéo-britons qu'avec nous sur le continent.

Toujours prêts à nous répandre dans toute les crevasses, dans toutes les horreurs qu'ils fricotent pour que ça repousse, que ça reprenne admirablement, que ça refleurisse magnifique dans leurs prodigieux jardins.

Même les Indes ça n'existe pas à côté de nous comme enthousiastes, comme frénétiques, comme dévotieux à la cause, à la gâterie des pires maquereaux de la Mort que le Monde a jamais connus.

L'Espagne depuis l'Armada jusqu'au débrayage Franco, stagnante, putréfiée, croupisseuse, toute la péninsule en magma d'ordures, quel parfait bourbier ravissant pour l'*Intelligence Service* !

Une Espagne doucement purulente, nécrosée, enfientée, gisante, avec Clergé tout à fait toc, anesthésiant, une administration de pieuvres, une police bien comploteuse, bien cupide, bien maçonnique, voilà qui colle splendidement, rassure pleinement l'Angleterre ! Une Espagne bien impuissante est aussi indispensable à la Prospérité anglaise qu'une France conasse et belliqueuse.

Tout ce qui abaisse l'Espagne, élève, rassure l'Angleterre. C'est le principe depuis les Tudor. Une Espagne puissante menace l'Angleterre dans son vif, sur l'Égypte, vers les Indes. Impossible !

Question d'être des otages pourris l'Espagne nous ressemble au poil, tous les deux à la même enseigne. La très périlleuse hégémonie de la Cité sur tout l'Orient (proche et lointain) ne tient qu'à un fil, et ce fil passe par l'Espagne.

Si l'Espagne bouge, se redresse, tout casse.

Une Espagne forte, indépendante, et les carottes anglaises sont cuites ! Sarah Briton peut faire ses malles, Ben John Bull une croix sur les Indes. Aussi voyez comme il s'affaire, le gros maquereau britannique, comme il la couve, l'entretient la guerre d'Espagne. Aussi bien d'un côté que de l'autre, par Lœb, par Sassoon, côté gouvernemental, par Rothschild côté Franco. Jamais de succès décisifs ! Jamais de victoires concluantes ! ni d'un côté ni de l'autre ! Que des carnages, que des massacres de plus en plus ardents. Que ça saigne, que ça jute, que ça pisse partout, très abondamment. Que personne ne puisse jamais prétendre : C'est moi le plus costaud ! C'est moi le plus sérieux ! C'est moi qu'a gagné !

Ça n'existe pas !

Pas plus qu'entre Français et Allemands.

Tous les cadavres, tous les blessés, tous les vendus, tous les perclus, tous les paumés dans le même sac après dix ans, vingt ans de guerre. C'est l'Angleterre toujours qui gagne, l'Albion youtre en définitive qui croque tous les marrons du feu.

Ça va de soi. On fait même plus attention.

La Puissance judéo-britannique est une puissance de charognerie, qui ne s'entretient, ne se maintient que sur la décomposition de tous les États qu'elle domine.

L'Hyène anglaise ne s'engraisse que dans les charniers. L'*Intelligence Service* lui organise de siècle en siècle toutes les catastrophes, toutes les hécatombes dont elle a besoin.

Sans l'*Intelligence Service* l'Angleterre (avec ou sans charbon) se verrait très vite réduite à la portion la plus congrue.

On la retrouverait plus bas que l'Irlande.

Quand vous descendez hurler vos ferveurs sur le passage de Georges VI, demi-juif, de sa reine Bowen-Lyon la juive, mandatés par Chamberlain demi-juif, Eden demi-juif, Hoare Belisha, (Horeb Elisha parfaitement juif), enrobés, dans la troupaille des plus chevronnés bourricots vendus de la ministrerie française maçonnique, nos caïds de service, vous pouvez sûrement vous vanter d'avoir merveilleusement passé votre après-midi.

Maçon Lebrun, Maçon Bonnet, Maçon Windsor, Maçon Mary, Maçon Prince, Maçonnes Princesses, Maçon Daladier, Maçonnes Bourriques, Maçon Langeron tout ça ensemble c'est splendide ! ça peut déjà vous faire plaisir ! très plaisir ! mais c'est encore suffisant, je trouve. Il en manque.

Pourquoi on les invite jamais les bourreaux de la Tour de Londres ? avec leurs collègues de Paris, M. Deibler et ses aides, à défiler ? Ça leur est dû, ça serait que justice. Les Massacreurs à la main, les prolétaires de la chose ils ont aussi droit aux honneurs. C'est de la muflerie de notre part. Ils devraient figurer dans le cortège. Ça se faisait aux grandes époques, ça serait normal qu'on les acclame. Enfin surtout ce qu'il manque pour l'éblouissement des foules, c'est la bouleversante présence, en chair et en os, campés sur piaffants destriers, des quatre grands sorciers suprêmes de l'*Intelligence Service*.

Vive Lord Amiral Sinclair !
Vive Lord Duvean !
Vive Sir Mankay !
Vive Sir Montagu Norman !

Sortis au grand jour pour une fois ! Ah ! l'exaltante, sublime minute ! Tous Juifs ! Juifs ! Juifs ! et contre Juifs ! Là sous nos yeux, quelle faveur divine ! Je voudrais que défilent en plus :

Messieurs Rothschild ! Stern ! Lazare ! Sassoon ! Barush ! Dreyfus ! Warburg ! Ils ont largement mérité ! contribué ! Alors ce spectacle ! Cet embrasement des populaces ! Au grand soleil ! Vive le Roi ! Vive le Roi !

    Mais oui, Vive le Roi ! Certainement ! mais n'oubliez foutre personne ! Vive la belle Chambre juive des Lords ! Vive la plus haute Loge d'Écosse youtre ! Vivent les Sages de Sion ! Vivent tous nos carnages ! Vivent toutes nos tueries d'Aryens ! Vive le très grand Sanhédrin ! Vivent nos maréchaux si larbins ! Vivent nos patriotes si stupides ! Trop acharnément cons pour vivre !

    Vivent les couteaux toujours plus gros !
    Vivent les veaux !
    Vivent les biques !
    Vivent les bourriques !
    Vivent les bourreaux !
    Vivent nos rois catastrophages !
    Tout rutilants, dégoulinants de viande dépecées, fumantes !
    Vivent toutes nos tripes au soleil ! À bas les viscères !
    Vivent toutes nos tripes autour du cou !
    Vivent nos tripes un peu partout !
    Hurrah ! Hurrah !
    Vivent toutes les crèves !
    Vivent les supplices !
    Les abattoirs aux pleins pouvoirs !
    Juifs encore !
    Juifs partout !
    Juifs au ciel ! comme sur la terre !
    Amen ! Amen !
    Bordel de Dieu ! Nom de Dieu ! Hosanna !
    Vive Te Deum ! Pomme ! Sacrifices ! Merde ! Péritoine !
    À genoux ! Chiasse !
    Croix de notre mère !
    Vive l'entrepôt des viandes ferventes !

Georges VI, Benesh, Daladier, M. Lebrun, Roosevelt, Pétain, Mme Simpson, Barush, Staline... Masaryk... le Comitern... Blum... Suez-Weygand... La Chambre des Lords... Le Grand Orient... Les damnés bien en chair... Thorez !

Quels sont les patrons de tous ces pantins ? Qui les commande aux ficelles ?

Qui supervise tous ces tréteaux ?

Mais les ramasseurs de l'or ! Les banquiers juifs ! Les Trusts juifs ! Les esprits de l'or ! Les Rabbins ! Les metteurs en scène juifs du monde juif ! Les Ardents du Grand Secret, du Kahal, de « l'*Intelligence* » !... Pourquoi travailler du mystère, du mic-mac fardé, du chichi puant ? de tous ces midis 14 heures ? Pourquoi tous ces mots putassiers, toutes ces ruses brouillamineuses ? Ces bulles de marais phrasouilleux ? Toutes ces chiasses verbiologiques ? Toutes ces mythologies marxistes ? humanitaires, libératrices, trouducutristes, tyrannicoles ? Tout ce maurrassisme rhétoreux ? Ces trafignoleries surtendues ? ces dialectismes décervelants ?

On ne comprend plus !...

Voilà ! Voilà ! Ne rien comprendre ! Buées ! Nuages ! Poudres ! Chèvre et chouteries pharaminantes ! Au fond de tout ce charabia ? Le trognon tout pourri du monde ! l'âme du monde ! Le Juif ! c'est tout !

Salades, pétrins, bouillies de perditions, tout en vases fraternitaires, humanitaires suffoqueries gluantes où le trèpe fonce, bourbe, s'affale, vinasse, dégueule et s'endort.

S'endort ? Pas longtemps ! Jusqu'à l'extrêmement prochaine !

On va vous réveiller spumeux ! Pardon papillons ! Rêveurs fascicules ! Les fournaises sont presque à point ! Crépitent ! Tout le lointain flamboye déjà fort joyeusement ! Des fleuves Jaunes aux crêtes de Castille, les Maudits, lâchés, caracolent. Ça va ronfler comme un enfer ! Dodo ! Dodo ! petites canailles ! petits lardons assoupis ! On va vous friser la couenne, la dure plante des pieds au tison !

De Moscou-la-Torture à Washington-Pétrole par Londres-la-Gavée, toute la juiverie râle, trépigne, s'exaspère, menace, éperonne ses maçons fainéants, les Loges repues, tous nos caïds, nos Jouhaux surempaoutés, surtrouilleux !

Et alors ? Foutre chienlits, vendus ! C'est pas terminé vos causettes ? Quand donc il va foncer votre trèpe ? Vous vous touchez Paris-les-Miches ? Tortus raisonneurs ! Crapuleux ivrognes ! Écœurants valets ! Trognes bandites ! Félons ! Traîtres aux Juifs ! Chancres mous ! Voyous falsifieurs ! Allez me chercher Bayard ! ici ! Un grand coup de bugle pour la vaillance ! L'occasion est magnifique ! le Maréchal Bedain s'avance...

« Vranzais ! Vranzais !... » Ovations monstres.

J'étais aussi à Charleroi ! comme vous tous ! J'en suis bien revenu ! Blus de Guerelles ! Blum partout ! L'oignon sacré ! Faites-vous bien tous enguler ! Par nos bons perségutés ! Garde à vous ! Pour défiler !

Les engulés de la gauche ! Un ! deux ! Un ! deux ! Les engulés de la droite ! Un ! deux ! trois ! quatre !

Le Juif vous paye grogneugneu ! Tout est à lui dans la Badrie ! Corps et âmes ! Avenir ! Pisse au cul du souvenir ! Culte du souvenir ! Souvenir des culs ! Présent ! Amour ! Délices ! Orgues ! Violons ! Tout à lui !

Ne contrariez pas le Juif ! Qui lève la main sur le Juif périt ! Comme sur le Pape ! C'est la même chose ! Demeurez en adoration du Juif ! Plaignez le Juif comme vous plaignez Jésus ! C'est la même chose ! Affables ! plus affables encore ! suprêmement dévoués ! *La Marseillaise !* Magnanimes ! La youpignolle ! Tout pour la Badrie Vrançaise ! où tous Français seront enfin crevés ! Quelle ivresse ! Pour tous les Juifs du monde entier ! Tous Zublime ! Ils vous ont choisis ! Badrie où tous les Juifs du monde triomphants sur vos cadavres, par vos cadavres, pourront enfin bien circuler, prospérer, admirablement, sans jamais plus rencontrer l'immonde, prétentieux, reprocheux récriminateur indigène ! Si salopiauds que vous êtes ! Pfoui ! raca ! Pouah ! sur votre charogne ! Vomis ! Poubéliques ! Glaves ! Une France toute libérée, sans Français vivants à la ronde, parfaitement sémitisée, récurée de toute la franscaille ! désinfectée 100 pour 100 ! toute purifiée par les batailles !

Français ! tortiller dans les minutes que nous vivons devient un crime ! Ne sursoyez d'une minute ! d'une seconde ! Sus aux Teutons !

Pour la vingt et septième fois, le Rhin va charrier du sang, regorger ! que ça débordera de partout !

Les dieux juifs vous gâtent ! vous régalent !

Tous comme un seul homme unis dans la mitraille pour la France Éternelle. La plus cocue des Badries ! Badriotes ! Tous devant moi ! Bedain ! Ça va ? Je suis derrière vous tous ! moi Bedain ! Tout pour les yites de partout ! Pour la Badrie des cadavres ! Pour la France maçonnique ! tombée, disparue, évaporée au champ d'honneur juif ! Pour l'implacable vengeance d'Israël ! Pour le triomphe Talmudique ! Trois fois ! Vingt fois ! dis-je ! L'oignon national ! bouillant !

Toutes les trombettes guerrières ont sonné l'Heure des combats !

Sautez aux conflits ! engeance saoule !... Je reviendrai vous faire l'appel dans quelques mois ! Moi Bedain ! Et contre-cadence ! Voyous de la chaux vive ! Compris ? Garde à vous ! Faquins des rafales ! Rampez à vos tombes ! Que j'en prenne un qui fasse la fosse ! qui se tire avec son linceul ! Merde Je le tournique d'autor aux « Cultures » ! J'en fais la honte des asticots ! Je le fais braiser au « Navarin »... Par quatre ! Par mille ! Dix millions ! Marche !

Je vous retrouve aux Nécropoles ! Je veux que ça soit le plus gigantesque cimetière ! mon cimetière Bedain ! Le plus énorme ! Le plus fantastique qu'on aura jamais gavé ! Gardien déjà tout promu ! tout bicorné ! rehaussé ! garance et feuillages ! supéracadémicien de la grande Cimetièrie Française ! Je veux qu'il tienne tout l'horizon ! La plus pathétique ribambelle, sarabande, l'étendue la plus triturée d'humbles croix et de tumulus, des Flandres au Léman, de la Provence en Gascogne, que le glorieux soleil des Morts aura jamais réchauffée. Plus une motte de livre.

Lafayette nous voici ! *Le Chœur des Juifs à New-York.*

Je peux pas toujours parler tout seul, ça pourrait vous paraître suspect. Il faut bien que les autres aussi puissent présenter leur opinion. Je peux pas mieux faire que de vous citer le très bel article d'un grand périodique de New-York, très autorisé : *The American Hebrew*, Juin 1938 :

« Il peut donc arriver que ces trois fils d'Israël (Leslie Hoare Belisha, Léon Blum, et Maxime Litvinoff), ces trois représentants de la race, créent la combinaison qui enverra le frénétique dictateur nazi, qui est devenu le grand ennemi des Juifs de nos jours, dans cet enfer auquel il a condamné tant des nôtres.

« Il est presque certain que ces trois nations, (France, Angleterre et Soviets) liées par de nombreux contrats et dans un état d'alliance virtuel, sinon déclaré, resteront unies pour empêcher la marche ultérieure d'Hitler vers l'Orient.

« L'ordre qui enverra le premier nazi, aux pas de parade, franchir la frontière tchèque, sera l'étincelle qui plongera l'Europe encore une fois dans le néant. (Raté !)

« Et quand la fumée des batailles sera dissipée, que les trompettes se seront tues, et les balles auront cessé de siffler, alors on peut se représenter le tableau qui montrera la descente, pas trop douce dans un trou de la terre, de celui qui voulait jouer le rôle de Dieu, du Christ à la croix gammée ! tandis que les trois non-Aryens (Blum, Belisha et Litvinoff) entonneront en chœur, un Requiem, qui rappellera d'une façon surprenante à la fois *la Marseillaise*, *God Save The King* et *l'Internationale* et qui se terminera par l'éblouissant chant final guerrier, fier et belliqueux : Élie ! Élie ! nous sommes vainqueurs ! »

Dans le même genre aimable, une autre proclamation bien nette, bien catégorique, du Juif Kubowtski, président des associations juives de Belgique, s'adressant aux Aryens belges :

« C'est parce que vous ne voulez pas vous battre pour les Juifs que vous aurez cette guerre !

« Ne pensez pas que vous vous sauverez en nous laissant tomber ! »

Je vous le dis, y a du profit, des pintes de la meilleure humeur à parcourir les journaux, de droite, du centre et de gauche, à s'ébahir, se tamponner, un peu plus encore, sur les façons qu'ils peuvent mentir, troufignoler, travestir, exulter, croustiller, vrombir, falsifier, saligoter le tour des choses, noircir, rosir les événements selon la couleur des subsides, dérober, pourfendre, trucider, rodomontader, pirouetter, selon l'importance des enveloppes.

D'offusqueries en extases, c'est merveille ce qu'ils peuvent éteindre, rallumer, bouillir, congeler l'opinion des truands mornes. La voltige entre les lignes. C'est un régal par exemple la manière qu'ils surpassent autour des mics-macs Chamberlain, du sketch à frissons : *la Semaine des Sudètes*. Cette pitrerie fait salle comble on applaudit à tout crouler ! Même les marles les plus affranchmans ils en bectent, ils s'en délectent, de cette putasserie tragédique. Ils en reveulent, ils en redemandent de cette ragougnasse complotière. Les plus insurgés d'habitude, qui vont au pétard pour des riens, pour un petit frêle soupçon, comment ils foncent ce coup-ci se faire endormir ! C'est merveille !

Pourtant ça foisonne suffisant. Faut plus avoir le nez sensible. C'est du scénario très sommaire. Du canevas presque.

« Mr Chamberlain sauve la paix ! »
Lever du rideau : Hear ! Hear ! Hear!

Il sauve son pot Chamberlain ! Son pot de demi-juif. Il exécute que des ordres. Par téléphone, par écrit ça lui radine la Cité, des Banques, de l'*Intelligence*, du fond ardent des Synagogues : « Feignez Chamberlain, pacifistes ! Avancez-vous un peu plus à gauche ! Là ! S'il vous plait ? Parfait ! Maintenant vers la droite... Deux pas ! C'est tout ! Reculez... Tirez-vous Eden ! Par la Cour ! Faites du bruit ! Passez devant la S.D.N. !

Faites un petit signe de détresse ! Pas trop ! Là... Saluez ! Profondément... Vous reviendrez par le jardin... Allez... Venez... À vous Sir Simon ! Qu'on vous entende !... Renfrognez ! qu'on vous aperçoive par la fenêtre... mélancolique... songeur... Prenez la main de Runciman ! Là ! Repassez tous les deux !... Très bien !... De la désinvolture ! Du texte ! Maintenant du sérieux !... Pas trop... gentlemen pressés... Bonjour aux Tchèques ! Là !... Disparaissez !... Demeurez toujours en coulisse ! Duff Cooper... fignolez votre indignation... Ténébreux ! Prophétique sinistre !... Impatient !... C'est fait ? Nous y sommes ?... Un petit voyage en avion... Mystérieux mais photogénique toujours !... Maintenant vous aussi Chamberlain en avion !... au Tyrol !... Encore !... Retournez !... Évitez les mots... Munich !... Répétez... Là... le chapeau... Shakespeare !... Parapluie !... les gants... Saluez ! Parfait... Bascule ! »

— Très bien Monsieur Or ! Que Dieu vous entende !... Toujours à vos ordres !...

Ainsi la comédie s'enchaîne bien rythmée sur un petit bruit de coulisse, aux tambours crêpés...

« Chamberlain défend, sauve la Paix ! » C'est le scénario exigé par le populo britannique.

Nous par ici, on est plus simples, on y va pas par 36 routes. On nous file un beau matin la guerre dans les poignes. C'est pesé !... Avec son plein de gendarmes autour ! Et en avant pour Charleroi ! Parfait pour nos gueules ! Les enfants du fascicule !

Les Anglais en voudraient jamais d'une guerre à la six-quatre-deux ! bâclée en vache, de cette façon. Ils veulent des frais, du décorum, des prévenances. Ils veulent du temps pour réfléchir, gentlemenement, méditer posément la chose. S'habituer à l'idée... C'est pas des barbaques de cirque, des hominiens comme nous autres, des genres « maudits sacrificiels », des chairs à pâtes d'offensive, les gentlemans ! Pardon ! Pardon ! Ne pas confondre ! C'est extrêmement différent un gentleman ! N'est-ce pas Sir Herzog of Maurois ? Ça nous pisse au cul du haut des falaises de Douvres, un gentleman ! C'est quelqu'un ! Comme dirait César.

Il faut bien connaître l'Angleterre, « jeunes Français qui la visiterez ! » Avec Gentleman minute ! Pour l'amener aux abattoirs c'est pas un petit coton. Il est fainéant et confortable le gentleman. Il a un pacte avec le juif, qu'il est pas bon pour la pipe, comme nous de rif et d'autor, pas du tout !... C'est en plus dans son contrat que nous devons y aller pour lui ! C'est entendu depuis trois siècles, il faut comprendre les différences. Respect des contrats !... Il compte donc, c'est régulier, le gentleman, sur toutes nos viandes comme remblais pour sa dignité, la sauvegarde de son thé pépère, de son golf, de sa pimpante boutonnière, fleurie. Des formes je vous prie ! Furies guerroyères, hagardes radeuses voyoutes ! avec le gentleman, des gants ! Il prétend qu'on le houspille pas... « Thé et mon Droit ! » C'est dans le pacte avec Israël depuis les Tudors. Faut lui ménager sa fierté, lui donner hautement l'impression qu'on lui respecte très l'aloyau ! Qu'on le file pas comme ça au détail, au découpage, sans résistances très farouches, prises terribles, furieux colloques, luttes inouïes. Ah ! Ça n'irait pas du tout si on avait l'air de l'emmener, de l'emballer à la légère, Tommy Gentleman, comme on embarque du français, du bétail à la criée, du veau pour toutes les charpies ! Pardon ! Il est pointilleux en diable ! susceptible horriblement, gentleman ! Il veut avoir son spectacle, pour se faire sa conviction.

« La très édifiante, très sublime, très mémorable lutte de Mr Chamberlain contre les forces maudites, les démons Teutons de la guerre ! » Ah ! que c'est beau ! Que c'est poignant ! Que c'est farouche ! Il y passera le Chamberlain, l'Eden aussi, le Cooper aussi, et tous les sui-vants ! Oui ? Non ? Bien sûr ! Puisque c'est écrit ! répété ! Mais comme ça boum ! tralala ! Ah ! foutre non ! Qu'après des oppositions joliment stoïques des déploiements d'ingéniosités à en défaillir ! d'ébaubissement ! de vertige ! Des compromis à périr d'extase, des ferrailleries les plus cinglantes ! étincelantes ! fulminantes ! tourbillonnantes ! contre les esprits infernaux ! Parfaitement ! Billy Brown en a pour son pèze. Il est pas volé au spectacle. Ça vaut « l'Arsenal » pour le sport, ardent comme un match de finale. Que le Briton sorte édifié, convaincu de la performance, tout émoustillé d'avoir si bien joui, d'un si péremptoire tournoi, d'un si prodigieux pacifisme, et le Recrutement a gagné ! Ça va, il suit la musique.

Elle nous oublie pas non plus « l'*Intelligence* » pendant les crises. Elle connaît nos presses, nos radios, comme pas une. Elle décuple tous les effets du mystère, de l'anxiété, par des distributions pépères, à pleines rédactions, corbeilles, de toutes bouleversantes réticences, confidences, dessaleries, redondances, mille et cent chichis, extrêmement propices à faire perler, bouillir, cailler, rebondir le trèpe. C'est repris par nos larbins de plume, les directeurs, nos ministres, ça se diffuse en nuées si denses, affolantes, que déjà des années d'avance, on ne discerne plus rien du tout des choses des contours, des horreurs. Que c'est plus à travers l'Europe qu'une masse de connards bien transis, de soldats bien inconnus qui déjà tâtonnent la Mort.

La presse aux ordres, vogue et frétille après les bobards qu'on lui jette, comme les cabots tortillent, s'acharnent après leur os en caoutchouc. Pendant que les marles s'épuisent, se crèvent pour des morceaux de vent, les Juifs aux cuisines fricotent, farcissent, tarabisquent nos restes, ils nous refilent aux arlequins, aux vomissures du destin, en énormes « Bouchées Catastrophe ».

Nos redresseurs nationaux, les hommes comme La Rocque, comme Doriot, Maurras, Bailby, Marin, la suite... ils redressent rien du tout, puisqu'ils parlent jamais avant tout, de virer les Juifs. Ils parlent vraiment pour ne rien dire. C'est des causeurs, des pas méchants. Ils servent qu'à noyer le poisson. Ils endorment la purulence, ils travaillent dans la compresse, le subterfuge, l'émollient. Ils crèveront jamais rien du tout, pas le moindre petit abcès.

C'est en somme des complices des Juifs, des empoisonneurs, des traîtres. Ils laissent le pus s'infiltrer, le mal se répandre, gagner toujours en profondeur. Ils ont peur du bistouri.

Le Juif est la chair de leur chair. Encore bien mieux c'est leur pitance. Ils collent aux Juifs tenants du flouze. Ils voudraient pas qu'on les abîme ! Pour rien au monde ! Ça serait trop con ! Faut au contraire qu'ils adhèrent aux « beaux mouvements » redresseurs, aux « nationaux nominaux » les Juifs ! On leur parle un drôle de langage pour les fariner, on les travaille à l'épouvante.

« Dites donc, youp ? Vous entendez rien ? Ces sournoises rumeurs ? C'est pas des antisémites des fois ?... Oh ! Mais c'est horrible ! C'est exact ! Quelle honte !... À notre époque !... Croyez-vous ? Quelle ignominie ! Quelle ordure ! Et grotesque ! à pouffer ! Si c'était pas si tra-gique ! Mais quelle abomination ! Mais il faut vous défendre youpi ! Faire quelque chose ! Restez pas contemplatif ! Avisez ! Remuez-vous ! Ça peut se répandre ; s'envenimer terrible, l'antiyoupinisme ! devenir l'infernal ouragan ! Mais cependant... hein !... du doigté ! Faites pas la gaffe ! Vous êtes très gaffeur youpi ! Méfiez-vous ! Vous amenez pas comme en bombe tout de suite de face, en gueulant ! Vous seriez tout de suite écrasé ! Défendez-vous ingénieusement, astucieusement... faites-vous redresseur patriote, tenez ! On vous reconnaîtra plus ! On vous suspectera plus du tout ! Venez avec nous ! Plus Français que des vrais Français ! Ah ! Oui ? On vous a jamais trompé nous, youp ? Hein ?... On a toujours été gentils, loyaux, aimables, fraternels avec vous ! pas ? Alors en confiance ! Hein ? Ne tortillez plus ! Donnez-vous à notre beau mouvement national ! On vous dérivera les pogroms ! Nous ! nationalistes ! unionistes ! les mieux placés pour la vertu défensive patriote ! Insoupçonnés ! Insoupçonnables ! On vous fera l'assurance tous risques, contre toutes les destitutions, expulsions, restitutions, nazisme, racisme ! toutes ces vilaines néfasteries, polissonneries, très ordurières, en général ! Rendez-vous compte des garanties ! Des énormes avantages ! Le parti le plus frémissant, le plus hautement considéré, du patriotisme le plus redresseur ! Sans rival ! sans comparaison sur la place ! Implacable ! Intraitable ! Redressiste ! Rigorissime ! Les plus révérés noms de France comme paravents ! La Providence vous inspire ! Vous pouvez pas tomber mieux qu'entre nos bras ! Fraternité ! Il existe nulle part au monde une planque aussi ingénieuse, aussi solidement, foncièrement protectrice pour les Juifs dans votre genre que notre parti redresseur, youpi !

C'est un ghetto inespéré, modernisé, motorisé, supernationalisé ! Notre pavillon superpatriote peut couvrir admirablement toutes les marchandises et votre charognerie youpine bien sûr, sans aucune gêne, en surplus, dans ses plis, pépère, consolidée pour deux siècles ! Ça va pas ? Mieux que les Loges !

Viens avec nous ! petit youpi ! Viens avec nous ! Viens ! Tu connaîtras la gloire !...

D'abord, tu banques mon trésor ! Tu subventionnes ! C'est l'évidence ! C'est l'appoint ! C'est l'écot ! C'est de la vraie faveur ! T'as compris ? Tu vas être naturalisé « redresseur » ! Ça choquera personne ! Plus que « françois » ! t'es le frère de Jeanne d'Arc ! désormais ! Le frère de Jean Zay ! Là, t'es fier ?... T'auras la chemisette ! La supernationalité ! T'embrasseras aussi le colonel ! Raque ! Toucan nous te baptisons ! Nous te reprépuçons ! Tu peux être maintenant bien tranquille ! Personne te cherchera des crosses ! Viens avec nous, l'on t'adore ! L'on te protège ! Liberté des Rites ! des Cultes ! des Consciences ! Nous t'intronisons « très grand bienfaiteur national » ! Jean d'Arc ! Rénovateur très éminent ! Passez le chapeau ! La France toujours libérale ! Envers et contre tous ! Une et indivisible ! Toutes les bonnes volontés unies ! Maçonniques ! Judaïques ! Cocufiantes ! Tartarigènes ! On s'en fout ! Tartufiques ! La quête ! Combien ? Combien ? Combien ? Le client a toujours raison ! Les plus gros clients des partis nationaux c'est les Juifs ! Ils auront donc toujours raison.

La Droite croque le pognon juif aussi avidement que la Gauche. Les Redresseurs qui ont du mal c'est ceux qu'arrivent un peu en retard, après les autres, sur le marché. Il faut qu'ils chassent dans les étages comme les placiers d'aspirateurs, qu'ils offrent des démonstrations à tous les Juifs qu'ils rencontrent... C'est du tapin une clientèle ! ça se fait pas tout seul.

Pour les petits Aryens du rang, les humbles fervents cotisants, les petits redresseurs à trois thunes, c'est pas du tout le même saxo ! S'ils se posent des petites questions, s'ils sont un peu interloqués par tant de Levys, de Schwobs, d'Abramsky, tant de Moïses aux postes de commande, on les tranquillise en moins de deux...

« Oh ! qu'on leur fait ! Vous gercez pas ! Les Juifs pour nous c'est de la tactique ! On les allèche... On les berne... On les subjugue ! Subterfuge ! Nous les avons ! Sortilège ! On les poisse ! aux poignes et aux poches... C'est du travail merveilleux ! C'est tant qu'ils soient avec nous... Astuce ! C'est dehors qu'ils sont terribles !... Tandis qu'ici on les grignote... On les surveille... En pieuse alerte ! On les annihile... en catimini... On les enchaîne... Glissez !... Glissez !... petit frère !... N'insistez pas !... En confidence : dès qu'on aura pris l'Élysée, on en fera nous qu'un seul pogrom de tous les Juifs, du territoire... Le Céline, tenez, c'est qu'une pauvre lope, une pelure piteuse, à côté de nous comme intentions ! Les grands secrets du Parti !... Oui !... Les Juifs on n'en fera qu'une seule torche !... et puis un pâle nuage délétère... tellement qu'on sera nous intensifs dans nos fureurs sémitophages... Ah ! On sera pour eux des vrais volcans ! Les pauvres gens ! C'est même le moment qu'on les plaigne... Tenez-vous peinards centurions ! Patience ! Patience ! et vive le

Chef !... Nous les attirons dans nos rets ! les Juifs ! pour mieux les vaporiser ! Les francs-maçons à l'heure vengeresse voyant comme ça un peu partout les flammes s'élever des synagogues comprendront ce qui leur reste à faire ! Ils tarderont pas à se rallier à notre merveilleux mouvement de Résurrection nationale ! à mots couverts d'abord ! À toute berzingue ensuite ! D'ailleurs c'est presque déjà fait... Le colonel s'en occupe... Ainsi soit-il !... »

Moralité : Juif qui douille, Juif sacré. Pourriture qui paye est divine. La pourriture tient tout en France.

Celui qui veut faire le mariole, trébuche, enfonce, ingurge la merde, suffoque, étrangle et disparaît. On n'en parle plus.

Toute vénalité mise à part, toute coquinerie personnelle, les frais d'un parti sont énormes, avec journaux, dispensaires, réunions, procès, affiches, urgences, etc... C'est un déficit perpétuel. Il faut du plâtre, il en faut de plus en plus, tout de suite, beaucoup, liquide, sans phrases...

Toutes les échéances sont tragiques...

Les cotisations du rang, la vente au public du cancan, ça peut pas boucher tous les trous, ça peut servir que d'accessoire. Il faut des dotations sérieuses, des souscriptions très massives pour renflouer la trésorerie sans cesse implorante, des bienfaiteurs, connus en Bourse, aux Soviets, à l'Intérieur, 9 fois sur 10, juifs, forcément.

C'est la condition vitale pour tous les partis d'aller piquer le blé où il se trouve, au cul des Juifs... Personne n'échappe... tôt ou tard...

Tous les partis, tous les journaux, sauf rarissimes, stoïques exceptions, ne sont en définitive qu'autant d'arrière-Loges, tambouilleries juives maquillées, ardents subterfuges, miroirs pour alouettes aryennes. L'opinion démocratique sort toute chaude de ces guet-apens, continuellement améliorée, renforcée, de plus en plus fébrilement juive.

Qu'importe donc les étiquettes ! les dénégations offusquées, furieuses, judiciaires, puisque malgré tout c'est le juif qui tient les ficelles et la caisse ! En politique démocratique c'est l'or qui commande. Et l'or c'est le juif. Le reste c'est des mots. Celui qui veut parler aux foules doit d'abord s'adresser aux Juifs, demander l'autorisation. Le juif lui passe les castagnettes. Après ça, il peut bien hurler... tout ce qu'il voudra, sur n'importe qui, pour n'importe quoi ! Aucune importance ! tout lui est permis, il trouvera toujours du pognon, s'il respecte les conditions, s'il parle jamais de la petite chose... sauf en bien... S'il répète très ponctuellement les bonnes phrases taboues... au moins deux fois par semaine... Les ralliements essentiels de la Grande Boutique :

« L'Allemagne est une nation de proie... la bête enragée de l'Europe... Les Allemands détestent Hitler... Le Racisme est une sauvagerie... Tous les Juifs sont pauvres et persécutés... La mesure, la tolérance, l'accueil de tous les Juifs du monde, font la grandeur de la France... Une bonne guerre contre l'Allemagne sera le triomphe de la France, la joie dans la Liberté... » Enfin tous les éminents slogans de la grande enculerie française, maçonnico-talmudique.

Et tant que ça peut ! et jamais de trop !...

C'est des phrases qui plaisent toujours, qui font reluire, à coup sûr, ouvriers, bourgeois, patrons, fonctionnaires... Aucune différence. Libéraux tous...

Bien sûr qu'on se fait un peu prier, c'est l'enfance de l'art... Qu'on sauve un peu les apparences. Qu'on se fait pas mettre d'un seul coup ! Qu'on tortille ! Qu'on fait les méchants ! les terribles !... les insurmontables ! Va te faire foutre ! Comédie !

Coquetteries ! C'est le froc qui chute comme par hasard... Les circonstances... Le bon moment... Le bon mouvement. On apprend aux petit copains à les prendre avec le sourire...

Stoïcisme ! bonne humeur française ! Tous unis devant les périls ! À se faire joyeusement enviander pour l'irradiance de la Patrie ! L'Unanimité nationale ! Le maintien de l'ordre dans la rue ! Se faire enculer par les Juifs c'est une nouvelle Alsace-Lorraine ! les véritables patriotes y sont toujours résolus ! pour la grandeur de la France ! pour le respect des Libertés. L'affaire est vraiment mirifique. La confusion prodigieuse ! D'un côté bannières déployées, les Aryens du trèpe con radinent, follement enthousiastes, ouverts, plus épris que jamais, radieux, juteux, offerts... De l'autre le pèze youtre, avisé, rafleur, acquisitif, méticuleux, se place, estime, saisit, enveloppe, juge, enlève ! Le tour est joué ! Le truc adorable !

Encore une bataille de gagnée !
V'là les cocus qui se baissent !

Encore une bataille de gagnée !
V'là les cocus de baisés !
V'là les cocus !
V'là les cocus !

C'est la méthode voyez-vous de l'habileté, du jeu finaud sur deux tableaux... dont nous crevons, malice des malices ! De plus en plus habiles, strabiques redresseurs rampants, plongeants, pourris confirmés, boursouflés, marrants putricules à grimaces, chavirés en tous lieux immondes. Pas le moindre petit sursaut, le plus abrévié hoquet, dans tout cet étal d'agonies, dans tout ce tripier d'infections, le plus frêle indice de révolte que les Juifs vont se faire virer, vomir, dégueuler à la fin des fins. Rien du tout.

Les soviets se seraient écroulés depuis belle lurette sans le soutien constant, la tutelle affectueuse de toutes les banques, de toutes les industries, de toutes les propagandes juives, maçonniques de monde entier.

Cet échafaudage de chiourmes en délire, ce catafalque de terreur n'aurait pas tenu six mois sans la fervente complicité de toute la youtrerie du globe.

Elle a tout couvert, tout musiqué, tout fait absoudre. Elle a propagé l'espoir, le mensonge, la menace, le chantage avec tant d'astuce, que même les experts dans la chose en sont restés abasourdis.

Le comble des culots propagandistes ! La plus exorbitante entreprise de bobarderie crapuleuse jamais fricotée par les Youtres dans le cours des siècles, où pourtant... La colossale charognerie soviétique, gluante de larves, ronflante de mouches, sous projecteurs juifs : Triomphe éblouissant !

La transmutation de toutes les valeurs par dévergondé baratin, sans limite. Tout en œuvre pour que — 10 se lise + 1000, que les masses s'y prennent dur comme fer, hurlent aux pullulations divines et crèvent en mirage !

Hors le fatras verbiologique, l'époustouflage vrombissant, les Soviets n'ont été conçus, engendrés, maintenus, propagés, que pour la progression glorieuse de la plus grande juiverie, en exécution du plan de guerre talmudique mondial dressé, modernisé, par le général Marx. (Même guerre judaïque en Espagne, en Chine.)

Un Soviet est une synagogue avant tout ! perfectionnée ! modernisée ! motorisée !

Talmud 38 !

Chaque Soviet représente un nouveau bastion. Chaque comitern une citadelle de l'Empire juif mondial.

Une expansion soviétique : Autant de glomécules sémites extraordinairement corrosifs, nécrosants, infusés à chaud, inclus en pleine viande aryenne.

La contamination marxiste de la Russie s'est effectuée très brutalement par injections simultanées, massives, paralysantes d'or judéo-américain. (Provenance de New-York, Amsterdam, Londres).

Les Soviets ont été implantés en Russie par les banques juives de New-York, Amsterdam, Londres (Lœb, Schiff, Sassoon, Warburg). Les arrière-loges, les Synagogues, les Luthériens, les États-Majors francs-maçons (allemands, français, anglais, russes) des deux côtés de la tuerie ont admirablement collaboré à l'avènement des Soviets par leurs silences... leurs diversions appropriées... leurs trahisons... tractations vaseuses... Libéralismes opportuns... toutes les musiques... Autant de comiterns autant de virulentes synagogues...

Tout commissaire du peuple n'est qu'un commissaire de la haute police juive, un garde-chiourme d'Aryens. Gardes-chiourmes verbeux, rationalistes, prometteurs, démocratiques, etc...

Staline, asiate aux ordres, bourreau spectaculaire. La cuisine du Kremlin est une cuisine juive. C'est Kaganovitch, beau-papa, qui l'épice.

Les Soviets ne durent, ne se maintiennent en tyrannie que grâce aux appuis éminents, aux complicités quotidiennes des Banques juives de New-York et de Londres, à la parfaite compréhension des gouvernements démocrates, à la coopération très indispensable de « l'*Intelligence* », surtout en Orient.

Les Soviets livrés à eux-mêmes, flancheraient à la première famine. Et tout de suite la grande vengeance ! l'épuration monstre ! le signal du plus formidable pogrom encore jamais vu nulle part ! Un véritable séisme ! Tibère en existerait plus, à côté, avec ses puériles embraseries. C'est vraiment presque impossible de se faire une petite idée, de concevoir même faiblement le degré de haine recuite où sont parvenues les masses russes, vis-à-vis des Juifs. Ressentiment très explicable.

Les Juifs ont assassiné plus de trente millions d'Aryens russes depuis qu'ils sont au pouvoir. La furie antisémite des Russes ne demande que la plus furtive occasion pour se donner libre cours, pour étonner le monde.

Que les Soviets, demain culbutent, et tout de suite, en l'espace de quelques heures, c'est l'égorgement de tous les Juifs, d'un bout à l'autre de la Russie. On en retrouvera peut-être pas un seul pour nous raconter les détails.

Ah ! Ne jamais plus entendre les admirables paroles juives !

Trêve de rigolade ! On se doute bien que les grands Juifs sont parfaitement au courant. Qu'ils ne nous ont pas attendus. Qu'ils sont à pied d'œuvre. En pleine connaissance de pétoche, avec des raisons très sérieuses pour se méfier hallucinamment des imprévus russes.

Leurs inquiétudes se conçoivent. Ils font des vœux tous, unanimes, riches et pauvres, aux quatre points cardinaux, pour que les Soviets s'écroulent pas. C'est leur terreur jour et nuit. Ils font plus que leur possible pour que rien ne change en Russie. Et ils peuvent énormément.

De tels gigantesques pogroms ! Après les horreurs hitlériennes ! Ça ferait beaucoup pour une époque !... Ça ferait même infiniment trop ! Et puis des rébellions d'esclaves c'est toujours prêt à s'étendre, à se propager... La Grande Juiverie religieuse, bancaire, policière, soutient le pouvoir soviétique comme elle soutiendrait un couperet très haut, loin au-dessus de sa tête... « Qu'il ne retombe ! »

Entre nous, sûrement qu'elle regrette la Grande juiverie d'avoir jamais foutriqué un pareil imbécile bastringue, tout biscornu d'emmerdements à n'en plus finir ! Elle voudrait bien s'en dépêtrer. Mais comment ? Elle ne peut pas !

Elle est engagée à fond, jusqu'au cou dans les Soviets, jusqu'au trognon, et à la vie et à la mort.

Trouvez-moi donc un petit Juif pauvre, qui dise du mal des Rothschilds.

Trouvez-moi donc un petit Juif pauvre, qui dise du mal des Soviets.

Trouvez-moi donc un petit Juif pauvre, qui trouve pas qu'il faille tout de suite aller dérouiller Hitler.

L'antisémitisme « à la royale »
Entre académiciens...
*l'Action Française* du 29 octobre 1938

### IV. LA BONNE VOLONTÉ ET L'AUTORITÉ

On nous accuse de tout voir en triste. Non. Mais nous ne croyons pas qu'il suffise de se dire à midi quand il est minuit pour tout arranger. Je ne crois même pas à l'efficace de la seule bonne volonté. Elle a besoin d'être mise sur le bon chemin. Il y a beaucoup de vérité dans ces mots de M. André Maurois[2] au *Figaro* : « *L'état de l'opinion publique est tel, et la conscience du danger si vive, que nulle résistance ne serait possible le jour où un gouvernement énergique et impartial ferait connaître, par des communiqués motivés, les raisons de ses décisions.* QU'ILS SOIENT DE DROITE OU DE GAUCHE, OUVRIERS OU PATRONS, TOUS LES HOMMES QUE J'AI INTERROGÉS ONT ÉMIS LE MÊME VŒU : — QUE L'ON NOUS COMMANDE. » L'homme est un animal social, donc commandé, donc, et tout autant, révolté. L'art politique est donc d'organiser un commandement qui n'ait pas besoin de se retourner à tout bout de champ pour recevoir avis ou suffrage de ceux qui le suivent, car le revirement se fait vite. Tel qui aspirait hier aux plus inexprimables douceurs du joug, se met à murmurer et bientôt à crier à la première gêne qu'il en recevra. Oui, le moment est favorable, oui, l'heure sonne des initiatives...

*Etc...*

Charles MAURRAS.

Et le style ! le fameux Style ! Liquoreux, ânanonant, tendancieux faux-témoin, juif.

---

[2] Émile Hertzog.

> *Toute la Terre en Tchécoslovaquie appartient aux usuriers juifs et pas du tout aux paysans qui la travaillent.*
> — Déclaration de Lord Winterton, M. P. à la Chambre des Communes, le 11 mai 1934.

— Mais alors ça va pas finir ?

— Ils peuvent pas rester tranquilles vos Sudètes du tonnerre de Dieu ! Ils vont nous emmerder longtemps ?

— Ils aiment pas les Tchèques.

— Qui c'est ça les Tchèques ?

— C'est des militaires, c'est les gardes-mobiles des Juifs en Europe centrale, des Loges...

— Ah ! Et puis après ? Ça les gêne ?

— Oui ça les gêne...

— Tiens ! Tiens, ils préfèrent Gœring alors vos Sudètes ?...

— Ils aiment pas les Juifs ?

— Pas du tout !

— Pas du tout ! Ils aimeraient mieux Mussolini. Ils aimeraient mieux Franco... Ils aimeraient mieux le diable... Ils aimeraient mieux le Mikado, ils aimeraient mieux n'importe quoi, mais pas les Juifs...

— Mais dites donc, c'est des vrais infects, vos Sudètes ! ils ont des goûts de Boches, vos Sudètes !... C'est des véritables fascistes que vous me racontez là ! Des espèces de racistes aryens ! Mais ça me fout dans les colères ! Je me connais plus de vous écouter ! Chers petits Juifs !

— Quand j'y pense ! Des antisémites encore ! Des sectaires atroces ! Des préjugeurs rétrogrades ! Des vraies brutes persécutrices vos Sudètes ! C'est des cromagnons gammés ! des scalpeurs ! des véritables vampires ! des souilleurs de l'Europe entière vos Sudètes ! Ah ! Il est temps qu'on les corrige ! C'est triste que ça existe encore des primates vicieux semblables ! Ah ! il est grand temps qu'on les dresse ! Vos Sudètes ! Peaux de choléra ! Que ça finisse ! Qu'on les rende un peu démocrates ! habitables ! vos Sudètes ! Ouverts tout à fait comme ici aux grands progrès libéraux ! Aux grands courants de la pensée affranchissante ! Merde !

— Ah ! Vous avez bien raison !

— Ah ! Je vous le fais pas dire !

— Mais vous la tenez la formule !... Mais c'est la conception sublime ! Quelle tâche exaltante ! Quelle œuvre pour notre époque ! Quel programme mirobolissime pour tous nos Orients ! Vous me bouleversez ! Vous m'émouvez au possible !

— C'est normal !

— Vous m'avez séduit, délivré du doute !... Je suis à vous !... Je vous aspire !... Je vous bois !...

— Alors à l'action ! Qu'on me déporte tous ces gens-là ! Sudètes maléfiques ! Complicateurs ! rechigneux ! rebelleux ! Têtes de lard ! Qu'on me les transporte tous par ici ! Tous en France ! J'ai dit ! Nous avons de la place ici ! Nous avons toujours de la place ! Nous sommes pas des racistes nous autres !... C'est par là qu'on est supérieurs... Nous aurons toujours de la place !... De plus en plus de places !... Grâce aux trous de la guerre !... Et guerre à la guerre ! Nom de foutre ! Et Mort aux tyrans ! Dans six mois tous ces coriaces auront perdu leur barbarie ! Vous les reconnaîtrez plus ! Pacifiés, confusionnés, empaquetés à ravir, vos Sudètes ! on les reconnaîtra jamais ! enjuivés si guillerettement ! d'entre tous nos semi-Lévys, quarts de Moïse, para-néo-pluri Mendès ! C'est ça le miracle de Paris ! C'est le charme enculagaillant !... La sorcellerie d'exquis intrait de youtrissime envoûterie... Trois gouttes, trois mots, trois mois suffisent... Six mois c'est un maximum pour qu'ils redeviennent des gens normaux, vos Sudètes ! des vrais Aryens démocratiques ! Dans six mois ils seront rambinés, sémi-tisés, tout gonflés de telle manière vos Sudètes que ça sera plus rien du tout de les faire crever tant qu'on voudra pour Litvinov, pour Jouhaux, pour Nathan, pour Dimitroff, pour le Comitern, la Blum au fusil ! Ça sera devenu même leur vrai plaisir, la plus pâmoisante récompense !

— Vivement ! Vivement qu'on les amène !

— Ah ! Comme j'ai confiance dans Baris ! Le charme de la capitale ! Le si délicieux sortilège ! Le miracle des Champs-Élysées ! Des Galeries Toutalévy ! Ah ! Vous me rendez le souffle ! La passion vaillante !...

— Attendez ! Attendez ! ce n'est encore rien ! Attendez que je vous lise ce que j'écris ! en ce moment, à propos de patriotisme, à ce paltoquet qui m'insulte !

— Ah !

— Hein ?

— Oh ! Oh ! Oh ! Oh !

— Là ! Là !

— Ah ! Ah ! Ah !

Au temps où tout le monde comprenait les revendications des Sudètes...

La Commission permanente internationale des partis travaillistes et socialistes :

« Nous nous refusons à reconnaître le droit de pays étrangers à établir leur souveraineté sur des districts allemands homogènes qui forment une unité géographique. » Résolution du 26 avril 1919.

Le Comité d'action internationale des partis travaillistes et socialistes :

« Les populations ne doivent pas être transférées d'un État à un autre tant qu'elles n'ont pas été consultées sur leur volonté. » Manifeste du 11 mai 1919.

Le Ve congrès de l'Internationale Communiste réuni le 8 juin 1923 au Kremlin. Motion adoptée :

« Le Congrès constate qu'il n'y a pas une nation tchécoslovaque, l'État tchécoslovaque, outre la nationalité tchèque, comprend des Slovaques, des Allemands, des Hongrois, des Ukrainiens et des Polonais. Le Congrès estime nécessaire que le parti communiste en Tchécoslovaquie, en ce qui concerne les minorités nationales, proclame et mette en pratique le droit des peuples à disposer d'eux-mêmes, jusque et y compris celui de se séparer. »

La Tchécoslovaquie est née à Paris, sous la bonne étoile maçonnique. « Je recherchai et je cultivai ensuite, jusqu'à la fin de la guerre, pour des motifs de propagande, des relations avec trois facteurs importants : la Franc-Maçonnerie, la Ligue des Droits de l'Homme et le Parti Socialiste français... L'accès des milieux francs-maçons me fut ouvert par certains de nos compatriotes de Paris et les membres yougoslaves des Loges ; j'eus l'occasion de donner des causeries dans quelques-unes sur notre cause et d'y gagner ainsi les milieux francs-maçons de Paris. » (*Souvenirs de guerre et de Révolution* du juif Édouard Bénès, page 172). Où est le mal ? s'étonne *le Crapouillot*, l'innocence faite magazine. Évidemment, où est le mal ?

*Sept langues et pas de cœur.*
— Proverbe suisse.

Je l'ai vu travailler un petit peu le juif Bénès à la S.D.N. Petite Crapule talmudique, toute agitée de subterfuges, inépuisablement sournois, complotique, tout conifié d'avocasseries, de rusailleries bébêtes et brèves. Un vrai petit dégueulasse raton tout délirant de médiocrité chatouilleuse. Un vibrion de couloirs toujours en train de se suractiver. Une très redoutable petite saloperie venimeuse au cœur de l'Europe. Bien entendu pour les Loges Jéhovah lui-même ! plus Salomon ! Exactement tout ce que les Maçons conçoivent comme idéal homme d'État : Une sécheresse mortelle dans une chicanerie sans limites.

Je dis le Juif Bénès, bien que la chose ait été maintes fois contestée parce que j'ai connu l'officier de l'*Intelligence Service* qui lui délivrait pendant la guerre ses « laissez-passer » temporaires. Benès ne possédait en effet aucun passeport d'aucune nationalité avouable. Il avait même pris la mauvaise habitude de se fabriquer lui-même des faux passeports. La déveine lui valut d'être arrêté à Londres en 16. Il était connu à l'*I.S.* (qui s'y connaît) comme « Juif agitateur » au même titre que Litvinoff, et Bela Kuhn et Trotzky.

Tous les trois continuent bien entendu à « agiter » (on est bourrique pour la vie) aux lieux de leurs affectations.

Ce sont les esprits pervers qui rendent la vie insupportable. Ils trouvent des intentions partout. Moi je me sens devenir si pervers que ça me tourne en folie raciste. Et pas qu'un petit peu ! Raciste 100 pour 100 ! autant que communiste, sans les Juifs !

À l'heure où nous sommes, dans les circonstances si tragiques, l'indifférence n'est plus de mise. Il faut choisir, il faut opter pour un genre de perversion, ça suffit plus de se dire méchant, il faut avoir une foi terrible, une intolérance atroce, y a pas beaucoup de choix, c'est l'aryenne ou la maçonnique, juive ou anti-juive. Ça va nous donner vingt ans de rigolade.

Je ressens, tellement je suis drôle, des choses encore bien plus perverses. Des véritables sadismes. Je me sens très ami d'Hitler, très ami de tous les Allemands, je trouve que ce sont des frères, qu'ils ont bien raison d'être si racistes. Ça me ferait énormément de peine si jamais ils étaient battus. Je trouve que nos vrais ennemis c'est les Juifs et les francs-maçons. Que la guerre qui vient c'est la guerre des Juifs et des francs-maçons, que c'est pas du tout la nôtre. Que c'est un crime qu'on nous oblige à porter les armes contre des personnes de notre race, qui nous demandent rien, que c'est juste pour faire plaisir aux détrousseurs du ghetto. Que c'est bien la dégringolade au dernier cran de dégueulasserie.

L'*Intelligence Service*, qui connaît on ne peut mieux Benès, lui avait fait miroiter (par confidents) pendant toute la crise des Sudètes, qu'il pourrait peut-être, à la faveur du renversement des États totalitaires, devenir Président des États Démocratiques d'Europe (maçonnique), d'une sorte de S.D.N. rénovée, maçonnico-démocratico-communiste, très acceptable par les masses, et d'immédiate application. L'Europe juive au second stade ». Windsor aurait été promu dès la proclamation, Président du Sénat Européen ! Philippe Égalité 38 ! Il l'avait bien mérité. La Juive Simpson a joué magnifiquement son rôle.

Dans le coup, également, les trois grands Juifs anglais, Israël Moses Sieff, Mark Spencer, et Sassoon, après Rothschild les quatre plus grosses fortunes d'Angleterre. Tout devait passer comme muscades. Mais L'*I.S.* au dernier moment a redouté les mutineries dans l'armée française et le sabotage du ravitaillement anglais. Partie remise ! Dans six mois par exemple, après les élections triomphales du Parti Chamberlain. Semaine des Sudètes, semaine des Dupes.

Ni Benès, ni Litvinoff n'auraient, c'est écrit, en aucun cas, joui du Triomphe. Ils auraient été liquidés en cours d'action, comme le furent toujours les agents trop voyants de l'*I.S.*, tels

Mirabeau, Danton, Robespierre, Borodine, Trotzky, Lawrence, etc…, etc…

La fête continue…

Le petit con frénétique ambitieux Benès n'a pas fini de gigoter sur la corde raide ou au bout de la corde, encore plus raide.

Le Juif hebdomadaire *Candide*, dans son éditorial du 29 septembre, jour même où la paix ne tient plus qu'à un fil, prenant toutes ses précautions, nous avertit que :

« On n'a jamais le droit d'oublier les leçons de l'histoire. La permanence des caractères d'un peuple est un des phénomènes les plus extraordinaires. L'Allemagne n'a jamais eu de respect pour ses obligations antérieures. »

*Candide* est beaucoup trop con pour être dangereux, il a même quelque chose en plus d'être con, il raffole des astuces. Qu'à cela ne tienne ! Cette persistance des « caractères acquis » doit être aussi remarquable chez les Juifs que chez les Allemands. Pourquoi pas ?

Allons-y pour les Leçons de l'Histoire ! Elles doivent être valables pour tout le monde. Les nazis n'ont pas inventé l'antisémitisme. Les témoignages et non des moindres, abondent à travers les siècles, de Diodore à nos jours, quant à la fameuse persistance des caractères juifs acquis, on n'a que l'embarras du choix.

## *Antiquité*

DIODORE (30 av. J.C. — 20 apr. J.C.) : « Les amis du roi Antiochus (175 av. J.C. — 163) lui avaient conseillé d'expulser les Juifs parce que ceux-ci ne voulaient pas se mêler aux autres et considéraient chacun comme leur ennemi. »

SÉNÉQUE (4 av. J.C. — 65 apr. J.C.) : « Les coutumes de ce maudit peuple sont demeurées si solides qu'il s'est répandu à travers tous les pays ; les vaincus ont imposé leurs lois aux vainqueurs. »

TACITE (55 – 120) : « La plupart des auteurs s'accordent à reconnaître qu'à la suite d'une dégoûtante maladie qui s'était propagée en Égypte, le roi Bocchoris avait reçu de son oracle l'avis de purifier son royaume en chassant les Juifs, car c'est une race haïe des dieux et des hommes. Afin de garder le peuple sous sa coupe, Moïse lui donna des lois nouvelles ; tout ce qui est sacré pour nous est méprisable aux yeux des Juifs, et tout ce qui nous fait horreur leur est permis. »

MAHOMET (571 – 632) : « Je ne m'explique pas qu'on n'ait pas depuis longtemps chassé ces bêtes malfaisantes qui respirent la mort. Est-ce qu'on ne tuerait pas immédiatement des bêtes qui dévoreraient les hommes, même si elles avaient forme humaine ? Que sont les Juifs sinon des dévorateurs d'hommes ? »

SAINT-JUSTIN (166) : « Les Juifs étaient derrière toutes les persécutions que subissaient les Chrétiens. Ils erraient par tout le pays, propageant la haine des Chrétiens et minant leur foi. »

TERTULLIEN (160 – 230) : « Les Juifs constituent le champ d'ensemencement de toute action anti-chrétienne. »

## *Moyen-Âge*

GONTRAN, Roi de France (525 – 593) : En 585, le roi Gontran vint à Orléans ; tout le monde l'acclamait, même les Juifs, et eux criaient plus fort que tous les autres. Le roi dit :

« Malheur à cette nation juive méchante et perfide, ne vivant que de fourberies. Ils me prodiguent aujourd'hui de bruyantes acclamations, c'est qu'ils veulent obtenir de moi que j'ordonne de relever, aux frais publics, leur synagogue que les chrétiens ont détruite ; mais je ne le ferai pas : Dieu le défend. »

L'abbé TRITHEME de Wurzbourg (1462 – 1516) : « Il est hors de doute qu'une aversion croissante est en train de se faire jour contre les usuriers juifs, tant parmi les grands que parmi les humbles. Je suis partisan de mesures légales qui empêcheraient l'exploitation du peuple par les usuriers juifs. Va-t-on laisser des étrangers envahisseurs régner sur nous ? Et régner sur nous, non en raison d'une force ou d'un courage supérieurs, d'une vertu plus haute, mais seulement au moyen de leur vil argent ? Ces gens vont-ils s'engraisser impunément de la sueur du paysan et de l'artisan ? »

LUTHER (1483 – 1546) : « Comme les Juifs aiment le Livre d'Esther, qui correspond si bien à leur appétit de vengeance, à leurs espoirs meurtriers ! Le soleil n'a jamais brillé sur un peuple plus assoiffé de sang, plus vindicatif que celui-ci, qui se prend pour le peuple élu afin d'avoir licence d'assassiner et d'étrangler les Gentils. Il n'y pas de créatures, sous le soleil, plus avides qu'ils sont, ont été, et seront — il n'est que de les voir pratiquer leur maudite usure. — Ils se flattent de l'espoir que lorsque le messie viendra, il rassemblera tout l'or et tout l'argent du monde et le leur partagera. Je suis d'avis qu'on brûle leurs synagogues, ce qui ne pourra pas brûler qu'on le couvre de terre afin qu'on n'en puisse plus rien voir... On devrait détruire tous leurs livres de prières, tous les exemplaires de leur Talmud où ils apprennent tant d'impiétés, tant de mensonges, de malédictions et de blasphèmes... Aux jeunes Juifs et aux jeunes Juives il faudrait donner le pic et la houe, la quenouille et le fuseau afin qu'ils gagnent leur pain à la sueur de leur nez... »

ÉRASME (1487) : « Que de vols, quelle oppression subissent les pauvres, victimes des Juifs ! Des souffrances telles, qu'ils ne sauraient souffrir plus longtemps — Dieu les prennent en pitié ! Les usuriers juifs sont profondément implantés jusque dans les plus petits villages et prêtent-ils cinq gulders, qu'ils exigent un reçu de six fois davantage. Ils réclament intérêts sur intérêts et par là-dessus des intérêts encore — de sorte que le pauvre malheureux perd tout ce qui lui appartient. »

## *Jusqu'à nos jours*

Le Pape CLÉMENT VIII (1605) : « Le monde entier souffre de l'usure des Juifs, de leurs monopoles, de leurs tromperies. Ils ont réduit nombre d'infortunés à la misère, surtout des fermiers, des artisans, et les plus besogneux des pauvres. »

VOLTAIRE (1694 – 1778) : « Les Juifs ne sont qu'un peuple ignorant et barbare qui allie depuis longtemps la plus répugnante avarice et la plus abominable superstition à une haine inextinguible pour tous les peuples qui les tolèrent et grâce auxquels ils s'enrichissent. »

MARIE-THÉRÈSE, impératrice d'Autriche (1777) : « Je ne connais peste plus nuisible à l'État que cette nation qui réduit les gens à la pauvreté par la fraude, l'usure, les contrats financiers, et qui se livre à toutes sortes de mauvaises pratiques qu'un honnête homme abominerait. »

Benjamin FRANKLIN (1787). Débats préliminaires de la Constitution américaine :

« Dans tous les pays où les Juifs se sont installés en nombre, ils ont abaissé le niveau moral, discrédité l'intégrité commerciale, ils ont fait bande à part sans s'assimiler jamais aux autres citoyens. Ils ont tourné la religion chrétienne en ridicule et tenté de la miner... Ils ont bâti un État dans l'État et quand on leur a opposé de la résistance, ils ont essayé d'étrangler financièrement le pays... Si vous ne les excluez pas des États-Unis dans cette constitution, en moins de deux-cents ans ils y fourmilleront en quantités si considérables qu'ils domineront et dévoreront notre patrie et changeront la forme du gouvernement... Si vous n'interdisez pas aux Juifs l'accès de ce pays, en moins de deux-cents ans, vos descendants travailleront la terre pour pourvoir à la subsistance d'intrus qui resteront à se frotter les mains derrière leurs comptoirs. Je vous avertis, Messieurs, si vous n'excluez pas pour toujours les Juifs de notre communauté, nos enfants vous maudiront dans vos tombes... Les Juifs, Messieurs, sont des asiates... Ils ne seront jamais autre chose... »

NAPOLÉON 1$^{er}$ (1808), écrivant à son frère Jérôme : « J'ai décidé de faire quelque chose pour les Juifs ; mais je n'en veux pas voir entrer davantage dans mon royaume ; vraiment j'ai tout fait pour prouver mon mépris envers cette nation, la plus vile de l'univers. »

Mr NEWDIGATE à la Chambre des Communes, le 22 mars 1858 : « Je ne crois pas qu'un Juif puisse devenir un bon membre de cette assemblée, car le Juif est un strict observateur du Talmud et les tendances du Talmud ont, je me fais fort de le démontrer, un caractère amoral, anti-social, et anti-national... Les Juifs ont été soit directement, soit indirectement, fautifs de tous les troubles et de toutes les révolutions. Ils ont causé la ruine et la misère de leurs contemporains par les moyens les plus abjects et les plus tortueux. »

Le général GRANT (1861) : Durant la guerre civile américaine, la deuxième ordonnance du général Grant est ainsi conçue : « Les Juifs violent tous les règlements commerciaux édictés par la Trésorerie ; ils enfreignent également les ordres promulgués, aussi sont-ils expulsés du territoire qu'ils devront avoir évacué dans les vingt-quatre heures qui suivront la promulgation de cette ordonnance. »

Paul KRUGER, Président de la République du Transvaal, prenant la parole sur la place du marché à Johannesburg, en février 1899 : « S'il était possible de mettre carrément les Juifs à la porte de ce pays sans risquer la guerre avec la Grande-Bretagne, le problème de la paix perpétuelle serait résolu en Afrique du Sud. »

Enfin, de Léon BLUM, lui-même (Avocat conseil de Mr Bader : « Le goût de vivre, le besoin de s'accroître, de dominer ; les forces juives, en un mot. »

« Mis au service du socialisme international, le capital juif ferait assurément de grandes choses. »

« ... Mais il est encore essentiel d'observer que si les Juifs interviennent dans la lutte sociale... ce sera pour obéir à la loi naturelle de leur race. »

Les « Français » qui n'osent pas s'avouer leurs lieux de naissance, ils sont de plus en plus nombreux. Surtout dans les professions libérales. À cet égard, honte sans doute... les annuaires professionnels syndicaux, des médecins, dentistes, pharmaciens, ne mentionnent plus les lieux de naissance. Ils ont été tout bonnement supprimés les lieux de naissance. Les dentistes, médecins, chirurgiens ne sont plus nés nulle part.

Ils existent, voilà tout. Y en avait trop de venus, sans doute, de lieux impossibles, de ghettos trop marquants. Ça faisait faire des réflexions. Maintenant c'est écrit tout sec, comme ça :

*Le Dr Duconovitch, né le 31 décembre 1900.*

C'est marre.

Si vous insistez beaucoup, on finira par vous répondre qu'il est né à Chatou-sur-Seine le Dr Duconovitch, comme M. le Ministre Mandel, et ça ne sera pas vrai non plus. Vous serez bien avancé... Et le Dr Kaganovitch ? Et le Dr Durand-Moumélian ?... et le Dr Lubomirzsky ?... et le Dr Klin-Voronoff ? Sont-ils nés nulle part ces gens-là ?

Des centaines et des centaines... de plus en plus d'« Heimatlos ». C'est pénible... Des pleins annuaires de médecins nés nulle part. Ça fait drôle... « N'avouez jamais » c'est la consigne. Un nom de famille ça se trafique (et comment !) tandis qu'un nom de ville c'est difficile à truquer. D'où ces pudeurs.

Tout de même il faut en finir, il faut vraiment faire quelque chose ! Ça peut pas durer toujours ces situations équivoques, ces gens qui ne sont nés nulle part... Ça commence à faire sourire. Je propose que nous, les originaires, on y mette un peu du nôtre.

Qu'on leur donne une couverture à ces enfants de France « pas naturels », qu'on les sorte de l'embarras. Je vais faire pour eux un beau geste, je vais aller me faire inscrire au syndicat confédéré comme ça... Je vais insister : Dr L. — F. Destouches, né à Kiev le 27 mai 1894. Cachant ainsi, enfin, mon Courbevoie (Seine) qui m'a causé un tort énorme, tout au long de ma folle carrière.

Il ne manquera pas de se produire j'imagine, par sympathie, quelques conversions fameuses. Je vois très bien se faire inscrire à la C.G.T. le Dr G. Duhamel, de l'Académie de Médecine né à Lvov le... le... et le Dr Léon Daudet, de l'Académie Goncourt, né à Bratislava le... le... Ainsi la mode sera lancée. Pieux subterfuge. Tous les confrères indigènes renonceront très rapidement à leurs ridicules Saint-Mandé... Brioude... Verrière-sur-Couesson (Peut-on être né à Brioude ?) et se choisiront en vitesse un petit ghetto bien sonnant. (C'est pas les ghettos qui manquent de Reval à Trébizonde !) Ainsi tout le monde sera d'accord et tout le monde sera gâté. On sera tous vraiment enjuivés, méconnaissables les uns des autres, même par nos lieux d'origine, homogénéisés, naturalisés juifs, amiablement. On pourra les refaire les annuaires, ça sera une joie de les compulser, ça fera travailler l'imagination des jeunes filles, les lieux de naissance des docteurs, rien que des noms prestigieux, fantastiques, évocateurs au possible... des vrais endroits des mille et une nuits... *Tobolsk... Tourgaï... Orenbourg... Vladimila... Tambor... Simbirsk... Amasaïan... Kioutaïch... Perth...* C'est autre chose, avouez-le, que des *Bécons-les-Bruyères !*... C'est un peu rêche à prononcer, au premier abord, au début, et puis on s'y fait... *Tambor... Simbirk... Amasaïan...* Je suis né à *Amasaïan...* C'est comme je le disais plus haut à propos d'empapaouteries... Il suffit de s'y mettre avec un peu de bonne volonté... Vient l'habitude...

On se fait des petites illusions, on pense que l'on vous a compris. Et puis pas du tout. Sans prétentions, tout bonnement, consciencieusement, on a rédigé dans sa vie des milliers, milliers d'ordonnances... Et l'on ne saura jamais, jamais, tout le bien qu'elles ont pu faire, à la ronde... Ça n'a pas beaucoup d'importance. On vous a sûrement compris, toujours, toujours de travers.

Il faut bien se dire une chose, qu'en dépit de tous vos talents, de vos plus angéliques efforts, même de cette façon de génie qui finit bien par vous pousser, à force d'échecs, pour l'explication ultra-nette, pour l'ânonnage analytique, pour le mot à mot dévotieux des plus rabâchées prescriptions, des plus coutumières formules, l'on vous a toujours, toujours, compris de travers.

L'auriez-vous calligraphié vingt fois et puis encore vingt fois en caractères démesurés et puis chantonné joyeusement sur l'air de *la Paimpolaise* : « qu'il doit la prendre sa demi-cuiller dans une certaine tasse de tilleul, bien chaude, juste au moment de se coucher »... Il n'en fera qu'à sa tête, le client, il en prendra trente des cuillers, au réveil, dans un court bouillon. Et ça fera un scandale horrible. Et il reviendra vous accuser... Et ça sera des complications à n'en plus finir. En toute humi-lité bien sûr que je vous raconte ces choses. Je ne prétends rien vous apprendre. C'est la vie... Quand je me souviens de ma pratique... Peut-être que je les fascinais ? Ça valait peut-être mieux que je m'en aille... M'en aille... c'est une façon de causer... Je me serais plutôt sauvé... Ils devenaient drôles... Ils commençaient à plus savoir s'ils devaient pas me buter sur place... tellement il se trouvaient fascinés.

Peut-être vais-je vous fasciner vous aussi ? Peut-être que je vais vous faire rendre ? Peut-être allez-vous me trouver odieux ? assommant au possible ? Peut-être allez-vous me honnir ? Si vous m'avez lu jusqu'ici c'est déjà du tempérament, c'est déjà la preuve d'une haine solide. Mais la suite est admirable.

    Je vous préviens très courtoisement. L'émouvant récapitulatif de toutes les tergiversations des 50 chapitres liminaires... Vous n'aurez pas à vous plaindre !... Avec toutes conclusions « ad hoc ! »... extra fortes !... architecturales !...

    Moi c'est vers la fin que je triomphe, dans l'envol pathétique, le surpassement, le bouquet !

    Je suis de ces auteurs qu'ont du souffle, du répondant, du biscoto. J'emmerde le genre entier humain à cause de mon répondant terrible, de ma paire de burnes fantastiques (et bordel de dieu je le prouve !) Je jute, je conclus, je triomphe, je trempe la page de plein génie... De vous à moi, entre copains, c'est ce qu'on me pardonne pas du tout, à la ronde, ce qu'on me pardonnera jamais, jamais, la façon que je termine, que j'achève les entreprises, que je vais au pied comme une reine, à tous les coups.

    Ils voudraient bien me faire mourir, mes émules, même mes petits élèves, par chagrins, par méchants propos, me faire périr sous les morsures d'une foison de cancrelats, sous les venins d'une pullulation atroce d'aspics effroyablement voyous, martyrivores. Mais ma peau de vache me protège, jusqu'ici j'ai réchappé.

N e pas divaguer si possible, très bien retenir l'essentiel et puis vociférer, à s'en faire péter toutes les cordes, sur tous les tons. Racisme d'abord ! Racisme avant tout ! Dix fois ! Mille fois Racisme ! Racisme suprêmement ! Désinfection ! Nettoyage ! Une seule race en France : l'Aryenne !... très normalement adaptée, installée. Le reste c'est que des farcissures, des impostures, des saloperies.

Trois groupes aryens ! Les Alpins (les plus nombreux), les Nordiques, les Méditerranéens :

*Aryens tous.* Et c'est marre, et c'est tout. Ça suffit. C'est bien facile à retenir.

Les Juifs, hybrides afro-asiatiques, quart, demi-nègres et proches orientaux, fornicateurs déchaînés, n'ont rien à faire dans ce pays. Ils doivent foutre le camp. Ce sont nos parasites inassimilables, ruineux, désastreux, à tous les égards, biologiquement, moralement, socialement, suçons pourrisseurs. Les Juifs sont ici pour notre malheur. Ils nous apportent que du malheur. Ce sont les Juifs qui ont coulé l'Espagne par métissage. Ils nous font subir le même traitement. Ils nous rendent la vie impossible sur notre propre territoire. Ils ne pensent qu'à nous rançonner, nous asservir, toujours davantage, toujours plus intimement, plus dégueulassement, nous faire massacrer en de nouvelles révolutions, de nouvelles guerres, de plus en plus longues, de plus en plus saugrenues... Ce sont des gangreneux maniaques, contaminateurs de nos plus terribles véroles délabrantes, insatiables. Ils n'ont rien à faire par ici. Ils nous sont mille fois plus funestes que tous les Allemands du monde.

Ce sont les Allemands qui ont sauvé l'Europe de la grande Vérolerie Judéo-Bolchevique

18. Nous nous débarrasserons des Juifs, ou bien nous crèverons des Juifs, par guerres, hybridations burlesques, négrifications mortelles. Le problème racial domine, efface, oblitère tous les autres. Il relègue aux fantasmagories, aux accessoires pour cotillons et partouzes démagogues toutes les conjectures dites sociales, dites communistes, dites socialistes, dites maçonniques.

Tout autant de prématurations monstrueuses, d'anticipations imbéciles, de fanfaronnades criminelles, charruteries, charriages judaïques avant les bœufs. Kabaleries, prestidigitations, satrapies épileptiques, enragées fumisteries, abracadabrantes entreprises pour toutes tortures asiatiques, forceries marxistes abortives. Toute l'ignoble Grande-Guignolerie des youtres apôtres fraternisateurs. Pitreries criminelles.

Avant de tâter du parcours communiste, si périlleux, si miraculeux, les hommes devraient bien d'abord, avant tout, être engendrés convenablement, se présenter au départ avec des pédigrées nets. Ce n'est quand même pas ce quarteron de rabbins chassieux, pouilleux, négroïdes, cette racaille panarde, épileptoïde, nasillante, qui va revenir au 20ème siècle nous refaire le coup des Tables ! des Lois prophétiques ! Merde ! Y a de l'abus ! Aux douches ! Tordus pustuleux ! Que les Aryens se débrouillent seuls ! Qu'ils s'épurent d'abord ! qu'ils deviennent dans leur propre race autant de spécimens possibles ! On verra dans la suite des temps pour les tentatives communistes ambitieuses ! Ce serait une gageure idiote de vouloir faire courir en steeple le premier percheron venu, mal équarri, cabochard, véron. On l'améliore d'abord, l'animal, on le lance pas comme ça ! On l'affine par hérédité. C'est l'élevage ! On le surveille de père en fils. On le croise pas au petit malheur avec des chevaux juifs, des perclus, foutus, surtarés, pires rebuts d'étables immondes, bidets odieux, intouchables depuis des siècles dans tout l'Orient, dispersés, honnis, évincés des pires pouilleries de l'Univers. Salut ! Et c'est ça qui va nous dresser ? nous féconder ? Chiots ! Ça peut donner que des horreurs ! Encore un siècle de ce régime et on nous fera voir à huis-clos, payant, pour les frissons de répugnance.

La Démagogie anthropophage, optimiste, l'Israélisme folichon moderne consiste à nous faire reluire avec tous les pires bobards, formidables, sur nos qualités, nous déjà si tartignols, si périclités, nous masse de masse déjà si apéritive, cagneuse, muflisée, râleuse, morveuse, voûtée, bigle. On est tous quand même des grands as, par la gueule de nos gouvernants, absolument des plus fin prêts pour tous les plus extrêmes parcours, les plus époustouflantes épreuves ! Que nous allons tout emporter ! l'enlèvement ailé par bonds d'enthousiasme des plus effarants obstacles ! Le Paradis dans un fauteuil ! À portée de poigne ! En somme qu'il suffit d'un peu d'entraînement ! d'enseignement ! Une semaine d'audace encore ! de « pas froid aux yeux ! » Et youp ! là ! là ! C'est la Renaissance ! Le Cinéma ! Tous les miracles ! Pour ainsi dire que c'est chose faite ! Un coup tous ensemble ! Et Baoum ! Le mur s'écroule ! Tout de suite derrière c'est le Paradis ! Qui hésite ? Qui se tâte ? encore ? On se demande !

Ah ! l'imposture ! Ah ! Les foutus pervers fumiers satanés immondes ! Ah ! les doreurs de merdes pilules !

Mais c'est pas question d'école le communisme ! Ni de trémolos ! ni de politique ! ni d'élections ! ni de philosophie transcendante ! De leçons à prendre ou ne pas prendre ! C'est une question de sperme ! de foutre ! C'est infiniment plus calé ! C'est pas une question d'examens ! C'est une question de croisements ! d'élevage ! C'est ça la Révolution ! La vraie !... Si vous n'effectuez pas d'abord, avant d'entrer dans les détails, dans la terrible application de votre sociologie, verbagineuse, fariboleque, une sélection très farouche, inexorable, de toutes vos souches participantes, vous n'aurez fait que des grimaces, vous n'aurez même pas préludé, pressenti les rudiments d'une race blanche convenable, d'une société aryenne possible, communiste ou pas.

Vous n'aurez jamais rassemblé autour de vous qu'une dégueulasse racaille de tous charognards fainéants, sournois, vicieux, les plus inaptes à tout dressage profond.

Vous n'aurez jamais avec tous vos discours, vos velléités, contorsions, simulacres, que trompé, divagué davantage, déconné, aggravé le mal avec plus ou moins de profit personnel. Demandez-vous au chacal qu'il renonce à ses habitudes ? Qu'il se montre tout d'un coup sensible aux exhortations altruistes ? Attendez-vous du vautour qu'il se modernise ? Qu'il se modernise en charognerie ? Tous les enseignements du monde ne peuvent rien contre les instincts de la viande. Trente-six mille Facultés postillonneuses, transcendantales d'Humanitarisme apostolique, réparties sur le globe ne feront pas dévier d'un dixième de micron l'opercule du plus minuscule bigorno, avant l'heure venue.

Si la marée, la lune et le soleil ne semblent pas au bigorno, absolument propices à ses petites évolutions, il s'abstiendra, il n'en fera qu'à sa coquille. C'est exactement du kif avec l'homme, sauf qu'il peut toujours, lui, vous tromper avec ses : « Oui ! Oui ! Je vous suis ! Je suis entièrement d'accord ! Bravo ! Bravo ! »

L'homme c'est la machine à mentir, Bigorno sournois.

Pour la question des grandes réformes, des sociologies progressives c'est aux chromosomes d'abord qu'il faut s'adresser. À l'esprit plus tard ! On a le temps ! On en a que trop fait d'esprit ! Ça nous a pas trop réussi ! Derrière l'esprit il y a toujours du juif ! Avec ses salades pourrisseuses. On peut changer notre méthode, on a rien à perdre.

Toutes les sociologies marxistes, rationalistes ne sont qu'autant de bonimenteries obséquieuses, sous leurs allures rigides, scientifiques, impersonnelles, elles prennent l'homme par la vanité, elles le chatouillent au plus bas narcissisme, à la pire connerie satisfaite, à la tripe béate. Tartuferies, bagouteries matérialistes enjuivantes, attrape-gogos pour éperdus haineux boyautiques. Le Juif, le Roi juif, qui commande tout, qui possède tout dans nos États est un éleveur démoniaque. Paradoxe atroce ! C'est lui pré-cisément l'ennemi juré de notre Race ! C'est lui, le Juif-Roi, précisément le plus ardent, le plus fanatique fornicateur abâtardisseur de notre race ! Et il nous possède ! Lui, l'organisateur le plus zélé, le plus acharné, en tous croisements immondes, catastrophiques, le Propagandiste le plus effréné de notre Putanat.

Notre République française n'est plus qu'une énorme entreprise d'avilissement, de négrification des Français sous le commandement juif. Nous avons pour gouvernants une clique de conjurés youtres sadiques et de maçons trouilleux vendus dont le boulot principal consiste à nous avilir, nous abâtardir davantage, nous ramener par tous les moyens au grotesque alluviant primitif, mi-nègre, mi-jaune, mi-blanc, mi-rouge, mi-singe, mi-juif, mi-tout.

La grande marotte de tous nos gouvernements successifs depuis 93, c'est de nous faire dégénérer. Ils ne pensent qu'à nous enjuiver, nous négrifier, tous les jours un peu plus, au nom de la civilisation.

La civilisation rêvée par un gouvernement français républicain c'est un encore plus parfait esclavage des indigènes aryens sous les Juifs, pour le profit, l'épanouissement des Juifs, toutes les rigolades des Juifs.

Toutes les doctrines humanitaires, égalisatrices, justicières, libératrices de Progrès par la Science, de Vérité Maçonnique, de Démocratie Universelle, etc... ne sont en définitive qu'autant d'affublants pompeux stratagèmes de la même grande entreprise juive : L'Asservissement total des goyes par pollutions systématiques, salopages forcenés, hybridations à toute berzingue, enculeries négroïdes massives.

Les races ne se font pas toutes seules, ne se défendent pas toutes seules ; elles sont au fond de chaque homme en instance, en « devenir » au fond de chaque espèce. C'est tout.

Elles exigent pour durer, pour subsister, un effort permanent, stoïque, de chaque être vivant, pour vaincre la disparition et la mort.

Elles sont en « devenir », toujours en péril, toujours menacées.

Les Aryens ont encore, peut-être, quelques possibilités de « s'accomplir » en purifiant leur race, de se dénégrifier, de se déjudaïser, il n'est que temps ! s'ils sont trop lâches, trop vils, trop fainéants, s'ils se laissent trop nombreusement enculer par les négrites, les asiates, par les juifs ils disparaîtront, ignoblement.

D'autres races viendront, jaunes sans doute, qui les balayeront, qui les rejetteront à la mer. France Empire du Soleil Couchant.

Les Français négroïdes ne s'en iront pas sans douleurs. Ils crèveront par servitudes, par guerres, révolutions, par tueries mutuelles, endémiques, rituelles, hébétées, tournées à l'état d'infernales, irrésistibles manies.

« To be or no to be » Aryen ? That is the question! Et pas autre chose ! Toutes les doctrines d'inexistence des Races, du plus grand confusionnisme racial, tous les apostolismes du méli-mélo racial à toute force, l'espérantisme du trou du cul, « à la Romain Rolland », au plus grand babélisme copulateur, ne sont qu'autant de virulentes vacheries destructrices, toutes sorties de la même boutique talmudique : « À la destruction des Blancs. »

« À l'affolement, à la confusion des sexes par toutes les bites de toutes les couleurs imaginables. »

L'Aryen doit s'extirper de son métissage dégueulasse ou disparaître et pas de façon pépère, tout simplement, doucettement, gentiment... Non ! À coups de supplices ! de tortures infiniment variées ! guerres ! démences très horribles, nécroses ravageantes, terrifiantes, convulsions incoercibles, abominables puanteurs. Des vraies fins vertes de cancéreux. La mosaïque héréditaire de l'hybride européen abâtardi recèle assez de ferments absurdes, d'inclusions anarchiques, de démences imminentes, pour déconcerter vingt enfers, pour engraisser tous les chirurgiens du monde. Le fameux rêve humanitaire du juif c'est un Pandemonium de toutes les nations dissoutes, une fantastique bouillabaisse des races pourries, affolées, perdues en carambouilles grotesques, toutes confondues dans une perpétuelle furieuse catastrophe.

Plus de race ! plus rien ! plus que des prostitués de juifs, sous toutes les latitudes, ahuris, consentants à toutes étripades.

En somme la réalisation d'un gigantesque cancer mondial, composé de toutes nos viandes, pour la jouissance, la vengeance, la prédominance du juif. Lui, le bâtard, l'hybride le plus répugnant du monde, prendrait à force de nous saloper, en comparaison, une petite allure intégrale, authentique, précieuse, raffinée. Au royaume des « écroulés dans la merde » les tordus du rois.

Racisme ! Mais oui ! Mais comment ! Mais plutôt mille fois qu'une ! Racisme ! Assez de nos religions molles ! Nous avons été suffisamment comme ça introduits par tous les apôtres, par tous les Évangélistes. Tous Juifs d'ailleurs depuis Pierre, le fondateur, jusqu'au Pape actuel en passant par Marx !

Le nationalisme est encore un truc de juif pour nous tétaner davantage, pour nous faire mieux entre-tuer de chenil en chenil. Ça va ! Ça suffit ! Vive le Racisme ! On a compris à force de cadavres.

Vive la Religion qui nous fera nous reconnaître, nous retrouver entre Aryens, nous entendre au lieu de nous massacrer, mutuellement, rituellement indéfiniment.

Vive la Religion si sévère, si impitoyable qu'elle nous ferait vivre dans la perpétuelle terreur d'être encore un coup trahis par nos sales instincts, de retomber dans les mêmes vices, les mêmes tueries fratricides.

Nous voulons être traités plus sévèrement que des porcs, nous l'avons mille fois mérité. Y a pas de raison qu'on nous prive !

On verra plus tard pour les paradis sociaux. Chaque chose en son temps.

Bien entendu, à part très rares et très courageuses exceptions, les savants de la Science Officielle, presque tous juifs ou francs-maçons, nient purement et simplement l'existence de la race juive. Pour couper encore plus court à toute controverse périlleuse, ils trouvent encore plus expédient de nier purement et simplement l'existence des Races et de la Race blanche aryenne, bien sûr, en particulier. « Pas plus d'Aryens que de beurre au cul. » Tel est le slogan de la Science Officielle. (C'est-à-dire judéo-maçonne).

Cette déclaration, signée, vous situe, vous classe immédiatement parmi les savants affranchis, ceux sur lesquels on peut compter, ceux qui sont dignes dès le moment, des plus hautes faveurs du Pouvoir. La croix vous l'avez d'autor.

Quant au racisme ! Ah ! Pardon ! C'est la convulsion d'horreur ! de l'épilepsie de dégueulage ! « La barbaresque négation de toute intelligente analyse dialectique des faits ! La plus sinistre des fariboles ! Le rétrogradisme à la nième puissance d'Hystérie ! Tout le crétinisme ordurier hitlérien ! » Et de pleuvoir les torrents d'imprécations torchées « à la scientifique »... ou à « l'analyste détaché olym-pien des faits »... Toujours les faits ! Le genre Lavoisier !... Le genre Pasteur !... Le genre Claude Bernard...

Dans les coulisses de la Science franco-juive on travaille énormément « à la manière de »... L'impression sur les foules est toujours assurée, immense, quand vous écrivez « à la manière de Pasteur »...

Vous n'avez pas entendu le fameux professeur Poirier-Levisohn ? Ce qu'il leur passe aux racistes ? Ah ! Ah ! là ! là ! mon Empereur !...

Cependant, malgré tout, quand même, il se trouve toujours quelques dissidents, quelques négateurs de poncifs dans les cadres les mieux choisis de la Science la plus Officielle, exemple Georges Montandon, Professeur d'Ethnologie à l'École d'Anthropologie de Paris[3].

Voilà ce que déclare ce très irréprochable savant dans sa brochure récente, *Mise au point du problème des Races* :

« Enfin voici le point crucial, la clef du problème somatique juif, le nez convexe juif — pris comme le trait le plus caractéristique du faciès judaïque, car ce que nous en disons est valable "mutatis, mutandis" pour les autres caractères — est apparu non pas dans un domaine unique, où d'autres traits, réunis en complexe, étaient suffisants pour être considérés comme caractéristiques d'une race ; similairement à ce qui a été montré plus haut, quant à divers domaines de l'Océanie, le trait physionomique — le nez convexe dit judaïque — est apparu dans DEUX domaines, c'est-à-dire deux races, mais sur une portion seulement du domaine de ces deux races ; il est à cheval, selon ce qui a été dit plus haut, sur une partie de la race alparménienne (c'est-à-dire sa sous-race arménoïde) et sur une partie de la race méditerranéenne (c'est-à-dire sa sous race araboïde).

« *Or l'Ethnie juive*, il faut dire maintenant "l'ethnie juive" — qui a concordé à une époque, avec la nation juive, S'EST FORMÉE PRÉCISÉMENT SUR L'AIRE OÙ SE DÉVELOPPAIT CE FACIÈS QUI LUI-MÊME EST À CHEVAL SUR DEUX RACES, sur les Juifs (les individus d'autres races entrés dans l'ethnie juive non compris) appartiennent à deux races quant à la boîte crânienne.

« Tout en ayant un faciès, des parties molles, un MASQUE, commun à leurs ressortissants des deux races, ou du moins qui était commun à la majorité d'entre eux avant la dispersion, mais

---

[3] Dans la même dissidence le très remarquable discours du professeur Emmanuel Leclainche, Président de l'Académie des Sciences, de signification nettement raciste, prononcé le 30 décembre 37 en séance solennelle.

qui l'était aussi plus ou moins à leurs voisins arménoïdes non juifs et araboïdes non juifs — les uns et les autres ayant le faciès que l'on appelle judaïque ou levantin, qui chevauche, répétons-le, sur deux races, mais qui n'est pas suffisant à lui seul pour caractériser ce qu'anthropologiquement on appelle une race. —

« Mais comment est-il possible que les individus de l'ethnie juive ne se soient pas — question sociologique mise à part — complètement fondus physiquement dans les races européennes au milieu desquelles ils se trouvent ? Il faut se rendre compte que les diverses races ne sont pas, à une même époque, douées de la même vitalité ; certains complexes raciaux sont vivaces, progressifs, d'autres languissants, régressifs. *Or, le complexe judaïque est encore aujourd'hui physiquement vivace, et cette vitalité, combattant les causes de l'anéantissement par submersion que comportait la dispersion au milieu d'autres types, maintenait le complexe caractéristique tel qu'il se révèle par la face.* Et puis il y a encore un autre fait qui peut-être joue un rôle considérable. Sir Arthur Keith, Directeur de l'École des Chirurgiens de Londres, est le représentant le plus autorisé d'une tendance qui prétend que les races prennent naissance dans les groupes politiques, sociaux et nationaux. Il ne faut évidemment pas aller trop loin dans cette voie et la raison des grandes lignes de l'évolution est vraisemblablement interne, mais il est fort possible que les parties molles subissent un modelage, prennent un faciès particulier, dans les agrégats politico-sociaux de longue durée. Il faudrait alors admettre, et la chose est vraisemblable, que les SÉGRÉGATIONS ET LA SOLIDARITÉ JUIVES ONT ACCENTUÉ, RENFORCÉ LE MASQUE QUI LEUR ÉTAIT PROPRE.

« On arrivera ainsi à la conclusion suivante quant au problème anthropologique judaïque. Ceux qui disent : "Il n'y a pas de race juive", ou bien "Les Juifs représentent une ethnie, pas une race !" JOUENT SUR LES MOTS. Certes, il existe avant tout une ethnie juive ; c'est l'ethnie juive qui joue un rôle dans l'histoire. On peut même dire, au point de vue anthropologique :

« Il n'y a pas de race juive », en ce sens que la somme des caractères judaïques n'est pas suffisante pour mettre ce type en parallèle avec d'autres types auxquels est conférée la dignité raciale. Mais, s'il n'y a pas de race juive en ce sens-là, IL Y A UN TYPE RACIAL JUIF qui permet, dans un très grand nombre de cas, de reconnaître les Juifs à leur physique. Faut-il donner des exemples ? André Maurois (Herzog) dans la littérature, Léon Blum dans la politique, sont des individus chez lesquels s'accusent de la façon la plus nette les caractères que nous avons mentionnés plus haut. »

Heureusement, pour nous faire oublier ces vilains propos, nous trouvons dans une revue anglo-juive *Query* la déclaration récente d'un véritable expert français, M. Henri de Kérillis.

« La France et l'Italie, imprégnées de l'esprit catholique, ont toujours répugné à l'antisémitisme religieux, que les papes ont d'ailleurs toujours condamné à travers les siècles (?). Prenez, par exemple, le dernier article de *l'Osservatore Romano* qui réprouve la recrudescence d'antisémitisme en Europe Centrale.

« Quant au moderne antisémitisme d'inspiration raciste il se peut qu'il trouve un terrain favorable chez ces peuples d'origine barbare, en provenance des hordes primitives, mais il ne saurait s'implanter dans un pays comme la France, constitué par un conglomérat de peuples absolument différents les uns des autres. Un Provençal, un Corse, un homme de Narbonne d'origine phénicienne — les Phéniciens étaient les Juifs de la Mer — se trouve au point de vue racial, beaucoup plus près du juif que du breton, du basque ou du flamand. »

Et voilà ! La France armée juive ! Tout naturellement ! Par conglomérat ! Combien chaque Phénicien de Narbonne vaut-il de Bretons ? Ça serait agréable de savoir... pour la prochaine pipe ?

Dans ce même numéro du *Query* nous trouvons encore une étude très intéressante (nous semble-t-il !) d'un historien anglais, H. V. Morton, sur le juif dans le monde antique, avant Jésus-Christ.

Se référant au portrait que nous ont laissé du juif tous les chroniqueurs et légistes de ce temps, H. M. Morton conclut :

« Ce portrait est intéressant parce que c'est le seul que nous possédions du juif tel qu'il apparaissait aux Européens avant l'avènement du christianisme. Les persécutions, dans le sens moderne du mot, n'avaient pas commencé. Le Juif était encore un homme en armes, un soldat qui avait tout frais à son actif cette farouche défense de Jérusalem qui reste un des plus hauts exploits d'endurance, de courage qu'aient enregistré les annales guerrières. Cependant il est clair que le monde, en ces temps reculés, n'aimait pas le Juif. Le Juif apparaissait aux gens de cette époque comme un mystérieux, sinistre misanthrope, arrogant, intolérant. Il était toujours en quête de privilèges, ne cessait d'envoyer des députations en haut lieu pour plaider sa cause derrière le dos des autorités locales et il avait le génie de l'agitation politique. Mais ce qui déconcertait par-dessus tout ses contemporains c'était l'exclusivisme qui faisait de lui l'habitant d'une cité, mais jamais un citoyen véritable. C'était un homme qui avait un secret et un secret qui lui était plus précieux que la vie. Le monde antique, dont l'esprit était intensément cosmopolite, découvrait que le Juif était rebelle à tout mélange et, trouvant impossible de l'incorporer dans les cadres civiques, il le regardait avec méfiance et aversion. Il faut aussi se rendre compte que le Juif, qui n'était pas encore devenu l'opprimé des ghettos moyenâgeux, rendait haine pour haine.

« Ainsi nous pouvons constater dans le monde hellénique et gréco-romain des années 300 avant et 100 après Jésus-Christ, l'existence d'une antipathie contre le Juif où l'intolérance chrétienne n'entrait pour rien, l'envie commerciale non plus, fondée, semblerait-il, sur une incompatibilité de tempérament. Peut-être Isaïe l'exprime-t-il par ces quelques mots : *Car mes pensées ne sont pas vos pensées, ni ma route, votre route.* Et ce regrettable manque de compréhension était mutuel. »

Ce qui nous prouve que nos très antiques ancêtres étaient beaucoup moins cons que nous.

Ils avaient tout compris, tout de suite, admirablement.

Les Français sont bien contents de se rendre ridicules.

Vous savez sans doute que sous le patronage du négrite juif Jean Zay, la Sorbonne n'est plus qu'un ghetto. Tout le monde le sait. Mais il existe encore un sous-ghetto, une sorte d'intrait de ghetto, à l'intérieur même de la Sorbonne, que vous entretenez aussi, de vos deniers contribuables, et qui s'intitule (pour les têtards assujettis) « l'École Pratique des Hautes Études ». Une synagogue en surpression ! Le comble des culots juifs ! Le panache de notre insurpassable connerie de gogos goyes !

« Le juif — nous explique P. Gehen, dans son étude sur l'Université — y règne avec toute l'insolence du faux savant, se diplôme entre coreligionnaires, et se distribue la manne officielle à raison de mille francs de l'heure. Quant au goïm, il peut travailler dix ans s'il le veut sur quelque ingrat sujet d'érudition, on l'admettra pour faire nombre, toutes ses recherches seront pillées, on recevra narquoisement sa thèse, on fera semblant de l'examiner, mais quelles que soient la forme et la valeur de cette dernière, si l'élève français insiste pour obtenir le diplôme désiré et mérité, il voit immédiatement se dresser devant lui l'arsenal de la perfidie, du mensonge et de l'imposture. Si, sûr de son bon droit et de la justice de sa cause, cet élève veut aller plus loin, on envisage aussitôt de le mettre grossièrement à la porte. » Mais le plus adorable ! Savez-vous qui enseigne dans cet extraordinaire édicule académique le folklore français ? Le juif Marx ! tout simplement et cumulard en plus ! Directeur au Ministère des Affaires Étrangères des Œuvres Françaises à l'Étranger !... Cinquante cours par an à l'École des Hautes Études ! Jamais plus de deux élèves !

« Il reçoit pour chacun de ses cours — nous apprend P. Gehen — une somme très élevée de l'ordre de mille francs l'heure ! »

Il faut ajouter que ce Marx ne s'engraisse pas tout seul sur nos impositions. Un Juif n'est jamais tout seul. Il s'est promptement entouré ce Marx *nième* ! dans ce prodigieux bastion de culture, d'autres professeurs, tout aussi français, tout aussi bretons que lui-même, tout aussi frémissants de nous décrasser, de nous élever enfin à la véritable compréhension de nos origines, de nous révéler ce que nous sommes, d'où nous venons, où nous allons, de nous faire potasser les sources mêmes de notre propre poésie ! ça c'est de l'enculage 100 pour 100 ou je ne m'y connais plus ! Ça vaut quinze défaites à Verdun ! à mon sens !

Quelques noms de ces culottés, invraisemblables professeurs : Messieurs et Mesdames : Maus, Marx encore, Dumézil, Élisser, Grabar, Silvain Lévi, Stoupack (alter ego de Mme Brunschwig), Masson, Oursel, Weill, Puech, etc… Juifs !... Juifs… et contre Juifs !

Le chœur des Français contribuables : « Ah ! Comme ils sont intelligents ! Ah ! Ces professeurs ! Ah ! Ces savants ! Ah ! Ces Juifs ! Sans eux qu'est-ce qu'on deviendrait ? »

On finit par se le demander.

Vous êtes bien d'accord ?...

Il n'existe vraiment en ce monde qu'une seule internationale qui fonctionne et qui vaille ! L'Internationale bancaire, politique, policière, juive. Le monde n'a vraiment qu'une seule pensée, une seule intelligence : l'*Intelligence Service*.

L'Internationale dite ouvrière, l'Internationale de classe, n'est qu'un leurre, une simagrée, un subterfuge démagogique juif dont les Aryens se saoulent et déconnent, Aryens dopés, toujours en position haineuse, toujours prêts à foncer dans les pires catastrophes, les pires calembredaines guerrières, révolutions, croisades massacrières. Toute la lyre au « delirium » des démocraties en action.

Il n'existe pas « d'Intelligence ouvrière », il n'existe qu'une docilité hurlante ouvrière, un grégarisme aryen vantard, vociférant, que le Juif amuse, entretient, exploite depuis 2 000 années.

Il n'existe qu'une fantastique gigantesque connerie aryenne, mondiale que les Juifs utilisent au mieux de leurs intérêts. Et ils s'y entendent !

Tous nos Trusts sont juifs, les fameux « Trusts », terreurs des enfants de *l'Humanité* ! Tous nos journaux (sauf rarissime exception) sont juifs. Tous nos banquiers sont juifs. Le travail seul est aryen.

Tous les profits du labeur vont toujours aux Juifs. C'est automatique. Vous travaillez juste pour bouffer, vous autres, pour subsister, tout l'excédent passe aux Juifs, au Pouvoir International juif, à la grande famille juive, aux banksters juifs. C'est classique. C'est comme ça. En fait d'Aryens, dans les grands trusts, les grandes affaires, il n'existe que des prête-noms, des paravents, des alibis, des maçons vendus, des prétextes, des caïds, des juifs synthétiques...

Pas plus de 200 familles que de beurre au train, une seule réelle grande omnipotence internationale famille : la famille juive, la grande féodalité juive internationale, qui nous rançonne, nous abrutit, nous détrousse, nous tyrannise, cent et mille fois plus cruellement que tous les marquis, les girons, les arrogants, les Petits Maîtres, les Grands Fermiers, les folles putains de l'ancien régime. Aucune comparaison.

Les sangsues juives sont mille fois plus avides, corrosives, têtues, massacrantes, goulues, que toutes les vermines chatoyantes, des vieilles monarchies frivoles.

D'ailleurs tout était déjà prêt, sous les vieilles monarchies frivoles pour la grande pullulation juive, tous les clapiers en batterie. Tous les clubs, toutes les arrière-Loges, aux ordres du Juif Ximenès, eurent tôt fait d'activer la danse en 89, n'eurent qu'à filer quelques tisons sous la grande tambouille philosophe pour que tout ça prenne fantastique ! barde ! fuse ! vrombisse ! bouillonne ! explose ! gicle ! et tout ! Que ça foire partout dégueulasse ! C'était déjà plein de sortilèges encyclopédiques, maçonniques, fraternitaires, bourré à péter.

Ce furent des fameuses bâfrances les grandes journées de 93 ! Ils ont briffé des drôles de choses nos grands ancêtres. Ils étaient pas superstitieux ! La Bastille du monde actuel infiniment plus redoutable que la piteuse déclassée croquemitainerie 93, c'est la Banque d'Angleterre, la Bastille 38 ! d'un pouvoir autrement tyrannique, autrement mondial, autrement rapace, autrement cruel. Un pouvoir organisateur de toutes nos faillites, de toutes nos détresses, de toutes nos tueries. Un pouvoir d'ennemis absolus, implacables, enragés, anonymes, insaisissables.

Ce monde est une société anonyme perpétuellement en faillite dont le Conseil d'Administration est entièrement juif et toujours réélu par les Aryens unanimes, enthousiastes, en dépit de la gestion toujours catastrophique. L'Aryen a le goût du malheur, de la souffrance infinie. Les administrateurs juifs du monde, qui ne foutent rien, sont les seuls qui s'enrichissent, sur la misère des États, à coups de faillites. Leur puissance s'accroît à la mesure des catastrophes. Tout l'or du monde est raflé périodiquement par les Juifs, à coups de crises, d'inflations, de révolutions et de guerres.

Toutes les décisions mondiales de guerre et de révolutions sont prises par les Juifs.

L'or en démocratie commande tout, les hommes, les gouvernants, les choses, la loi, les arts, la musique, le cul, l'armée, la vie, la mort, les âmes.

Pour la grande famille juive nous ne sommes qu'autant de bidoches corvéables, plus ou moins fainéantes, plus ou moins vendables, plus ou moins coriaces, plus ou moins dociles. On va vous vendre aux Juifs, rassemblés en partis de droite et de gauche comme on va vendre un troupeau de vaches, bien mugissantes, au Juif encore, le jour de la foire.

Les créateurs d'un Parti, de n'importe quel Parti, de droite ou de gauche, n'ont qu'une idée dans la tête, dès le début de leur aventure. À quel prix que je pourrai les revendre, le moment venu, aux juifs, mes branquignols ? Quand ils beugleront assez fort ? C'est tout.

Qu'importe la couleur des pelages ? Rouges, verts, jaunes ou résédas ? C'est pas la question. C'est pas les opinions qui comptent, c'est la force des beuglements et le nombre de bêtes.

Un bon troupeau politique, bien fanatisé, bien hurleur, c'est de l'or en barre. Le Juif est toujours preneur. Pour le Juif c'est tout de la vache, de l'électeur, du soldat, de la bonne qualité de viande aryenne qui lui donnera jamais de déboires.

... Il devient très vite le champion très ardent de toutes les causes qu'il embrasse...

Le paquebot sur lequel il avait pris passage devait faire escale à New-York pendant cinq jours.

Ayant à ce moment grand besoin de repos, il fit connaître au commissaire du Bord qu'il se refusait absolument à tout interview, qu'il ne voulait pas être photographié, qu'il n'apparaîtrait en public à aucun prix.

Mais il comptait sans sa propre passion. Le premier reporter sut trouver son point faible.

« Vous devriez nous dire quelques mots, Monsieur le Professeur Einstein, quelques paroles de vous pourraient aider grandement la cause du Sionisme... »

Avant que le navire eût quitté la quarantaine, Einstein avait déjà promis un speech pour un déjeuner de gala, un autre discours pour un dîner, une conférence pour la radio, etc...

Ses cinq jours à New-York ne furent qu'un tourbillon d'activité pour la cause du Sionisme.

Edwin MULLER : *Étude sur la vie d'Einstein*
(*The Nation*, Septembre 1938)

Wendel ! Wendel ! Rigolade ! Petit Sire ! Diversion miteuse ! (D'ailleurs, tenu, Wendel en parfaite obédience par son propre Conseil juif.)

Wendel n'est qu'un insignifiant, le bouc qui pue, le Lustucru qui fait peur aux enfants de *l'Humanité*... Mais les autres, comment qu'ils s'appellent ? *L'Humanité* ne les nomme jamais, toujours Wendel ! Ça fatigue ! On a bien encore un roi tout de même ! Et joliment puissant, ma parole ! De la grande dynastie mondiale ! Louis XVI quelle fragile pelure ! Mais Rothschild quel monarque ! Maurice ? Arthur ? James ? Cunégond ? Comment qu'on l'appelle ? Lequel de ces Messieurs ?

Ah ! Comme il serait agréable qu'on nous le présente au cinéma, très souvent, qu'on nous en cause à la radio, soir et matin, qu'on nous rassure qu'il a vraiment bien déjeuné... qu'on nous donne de ses nouvelles... qu'il a bien dormi... qu'il a bien fait ses petits besoins... Mais jamais rien... que du lugubre silence... Le protocole impitoyable... Et nos Princes, nos potentats de la grande satrapie sémite ? les personnages de Sa Cour ? nous voulons aussi les connaître ! officiellement !... Toujours Wendel ! C'est fastidieux ! Crochet !

Nous voulons les Princes authentiques !... Pas les frimes ! Les faux-semblants ! Nos Ducs Lazare ! nos Ras Dreyfus ! C'est à peine si nous les entrevoyons... Quelle cruauté ! Nos Sterns, nos Bollacks, nos Blochs, nos Baders, nos Péreires nous manquent... devant les yeux... là tous les jours... Nos Émirs Foulds, Cohens, Empains, on nous les oublie !... On nous mène donc en bateau !... C'est autre chose que des Wendels !... L'Huma n'en parle jamais cependant... Félonie ! Ni même de ce Rothschild, Louis, qui pourrit là-bas dans les geôles viennoises, sous les verrous de l'ami des capitalistes, l'Hitler.

Comme tout ceci est fort étrange ! Suspect !... *Le Popu*, *l'Huma* tromperaient-ils leurs lecteurs ? Leurs rédactions seraient-elles juives ? Elles nous cacheraient le principal ? Les principaux ? Nos plus splendides omnipotents seigneurs de France, tous sémites, tous admirablement dotés des plus fantastiques apanages, des plus gigantesques privilèges, tous juifs, tous de branches cousines... Hum ! Hum !... Des potentats quasi-divins ! Pas détenteurs de courants-d'air ! de châteaux en Gascogne, de vermoulues à pignons, de rendez-vous à fantômes ! Non ! Non ! Non ! Des Trusts en plein fonctionnement qu'ils sont les maîtres, qu'ils superordonnent, ces Nom de Dieu de Puissants !... Des forces qui comptent, qui vous assoyent, qui vous foudroyent... Des vraies personnes surnaturelles qui nous tombent directes de l'Olympe, sur les os, irrésistibles, qui nous affament comme elles veulent, qui nous font voter comme elles veulent, qui nous font périr comme elles veulent, où elles veulent, quand elles veulent, sans même rien nous expliquer. Juste deux ou trois grognements farouches pour fouailler la meute, les bestiaux baveux, et hop ! d'autor c'est engagé, la guerre commence !... Ou bien c'est la révolution ! La chute de toutes les monnaies ! L'écrabouillage d'un continent ! Ça dépend... Comme ça, tout à leur bon vouloir, très absolument ! Selon leur caprice ! Vous existez pas.

Avant la guerre le peuple au fond il comprenait rien du tout au grand sens des mots terribles Capitalisme... Exploitation... Conscience ouvrière... Trusts... Syndicalisme rénovateur... C'était que des mots pour la gueule avant la guerre... On le faisait hurler, bien sûr, le peuple... On l'a toujours fait hurler... N'empêche qu'il y comprenait goutte aux brûlantes questions sociales. C'était du chinois... Y croyait pas beaucoup... Il était pas encore conscient des souffrances horribles de son état d'opprimé martyr, de crucifié des fabriques, de forçat tordu des labours.

Tout ça n'est venu que plus tard avec l'or des grandes propagandes, l'or russe en particulier, extrait par d'autres bagnards, des tourbières glacées là-bas vers l'Amour. Le Monde est petit.

L'ouvrier d'avant la guerre, bien sûr qu'il avait des accès de très légitime révolte, des bouffées de fièvre vinasseuse, avec crises mélodramatiques « à la Zola »...

C'était entendu, classique, ça survenait comme l'urticaire : une fièvre toute rouge après trop d'importants discours, vers la fin des élections, et puis ça lui remontait encore au premier mai, pour le grand drame des Barricades, rien que pour emmerder les bourriques, faire sortir tous les cuirassiers, que ça scintille plein les boulevards.

Le grand triomphe prolétarien à cette époque de damnés simples, ça consistait en mitraillades, à toute volée, à coups de culs de bouteilles, en furieuses rafales, plein les écrans de cavalerie lourde, que les tessons éclatent horrible, plein les casques, plein les aciers, que ça tranche les croupes des gayes, fende les cuirs, que ça foute une pagaye affreuse dans les escadrons. C'était le triomphe prolétaire. J'ai été souvent de la noce au contact des émeutiers, très bien placé pour me souvenir. Il fallait que la grive radine au pas de gymnastique. Ça arrangeait tout de suite les choses. Elle toujours, tout de suite populaire, l'infanterie, bien blairée, en toute occasion sympathique, baïonnettes dardant des éclairs, fringantes au fusil. C'est tout ce qu'elle demandait la foule, qu'on remplace les cuirassiers par de l'infanterie. Elle pouvait pas blairer les chevaux. Immédiatement s'engageaient les parlotes, ça se tassait. Ça finissait en quiproquos, fraternisations scandaleuses, controverses, cafouilleries, canettes et recanettes, rancards, pelotages, litrons encore, à pleins paniers.

C'était pas long que ça s'élève autour des troufions, des pires violentes engueulades entre civils et connaisseurs. Ils en arrivaient aux coups, il se défiaient de tous les noms, à propos des menus détails, qu'ils étaient pas du même avis sur les équipements... les manières... la fantaisie dans les cravates... la prestance des officiers, les formes extérieures du respect, les 36 portions, paraît-il, qu'il avait le droit le colonel... les traditions régimentaires... la valeur des troupes en campagne... les progressions si difficiles en terrains meubles découverts. Des véritables stratèges et passionnés pire que Turenne qui se révélaient au contact, pour les manœuvres d'infanterie et le service des forteresses... La foule venue pour mutiner tournait sur place réserviste. Elle avait pas le ferme propos des revendications sociales la foule. Elle oubliait tout son programme à la seule vue des pioupious. C'était pas des foules sérieuses... Mais quand elle est revenue de la pipe !... Ah ! Elle en savait des trucs ! Des machins, tous les secrets formidables ! La foule de foule ! Comment qu'ils s'étaient affranchis les troubadours ! Méconnaissables ! Éclairés ! Fallait voir comme ! « Et que je dis ! Terrible ! Capital ! Le capital ! Les capitaux ! Les Trusts ! Formidable ! Oui que je te dis ! Et que je te casse ! » Plus rien que des vraies terreurs du Capital ! des Terreurs de Vent ! C'est tout ce qu'elle avait pu retenir des grands abattoirs 14, la masse de masse : un mot ! Capital ! Maintenant elle en a plein la gueule de son mot ! Elle peut plus causer d'autre chose ! Capital ! C'est tout ! Elle peut plus comprendre autre chose ! C'est fini ! Jamais qu'une idée à la fois !... Jamais qu'un mot à la fois !... Mais alors vraiment à mort !... Il faut qu'elle en crève ! Capital ! Elle peut plus causer d'autre chose ! Capital ! Et deux cents familles ! Jamais qu'une idée, une haine à la fois ! Le Vampirisme capitaliste ! Les pressurations de la misère humaine !... Tout l'accessoire du guignol démagogique... L'énorme dégueulasse jérémiade qui ne répond plus à rien en Europe...

Les foules démocratiques, cabotines, sournoises, présomptueuses, pourries d'encens, pourries d'encre, archi-pourries, tout empuantées, enfientées par les propagandes, les mensonges juifs et maçons, dressées par les Juifs et les loges à la muflerie, à la mesquinerie matérialiste, à la revendication éternelle, à l'éternel chantage mandigot sont condamnés à mort. Toute l'Épinalerie des haines absurdes, vaines, qui ne peut s'effacer qu'au sang.

Depuis que le peuple est souverain il a jamais changé son disque : Capital ! Capital ! Capital ! Ca ! Ca ! Pi ! Pi !...

C'est un monstre à tête d'épingle le peuple, juste de quoi retenir dans son rétriqué cassis une seule rengaine, une seule faribole à la fois. Et c'est marre.

C'est toujours la même qu'il rabâche, qu'il ânonnait avant 14, déjà. Jamais qu'une haine à la fois... apprise avec des tels efforts, des telles douleurs infernales qu'il peut plus s'en séparer. Il l'adore à mort sa rengaine. C'est seulement qu'après la prochaine qu'on l'entendra, s'il en reste ça serait du miracle ! hurler quelque chose de nouveau.

« Mort pour les Juifs ! Aux chiots les Loges ! Debout les Aryens ! » Mais sans doute qu'il sera trop tard. Ce sera fini les risettes. C'est toujours trop tard quand il s'affranchit le trèpe, trop tard de cinq, dix, vingt années de guerre, de cinq, dix, vingt millions de morts.

Le reste du temps qu'est-ce qu'il fabrique le peuple bibineux, pêcheur d'ablettes ? Entre les déluges ? Rien ! Il s'écoute causer, roter, il se fait reluire avec des conneries, comme des vraies gonzesses, des futilités, des babioles. Il compte les verres sur la table... jamais il parle du fond des choses. Jamais. C'est une vraie affaire pour la Mort, le peuple. Un coup de clairon, il s'apporte, y a pas besoin de lui expliquer. Il est toujours là. Il attend.

Pourquoi on la fait pas la guerre ? Tout de suite ? Que ça traîne ? Pourquoi donc Français, petites têtes folettes, petits grelots insoucieux, petits turlupins jacasseurs on vous laisse comme ça au rabiot ? Que vous avez pas encore rejoint tous vos dépôts du sacrifice ? Une bonne fois pour toutes ? Le 4ème, le 202ème, le 624ème Barbaque ? Hein ? Vous trouvez ça très normal ? De pas être encore en pipe devant Vezoul ? Épinal ? En train de vous faire dépecer sur la frontière espagnole ? En train de soulever les montagnes avec vos tripes dans les Abruzzes ? Ça vous est dû les sursis que vous iriez dire pour un peu !... Perdez donc cette illusion avant de perdre toutes les autres. Si vous êtes encore en vie, c'est pas de votre faute, ni de la mienne. C'est à cause d'une hésitation de l'*Intelligence Service*. Depuis le moi de Mai déjà que vous devriez être au sport, en train de bouleverser la « Siegfried », d'écraser les hordes germaniques. Vous perdez rien pour attendre. Si les Anglais tergiversent c'est à cause du ravitaillement des Îles Britanniques. Uniquement. Ils gardent un très mauvais souvenir du dernier blocus. Il faut qu'ils importent la clape ou qu'ils crèvent de faim les Anglais. Ça les agace rien que d'y penser. Rien ne pousse à bouffer sur leurs Îles.

Les sous-marins ont bien failli la dernière fois réussir... Il s'en est fallu d'une pichenette. L'Angleterre ne se nourrit qu'à la cuiller, par cargos, il faut que les cargos lui arrivent, lui montent jusque dans la bouche... Qui coule ses cuillers gagne la guerre... L'Angleterre coule sans falbalas, de faim... C'est le danger, le seul, en ce moment, qui fasse encore réfléchir les gouvernements anglais, qui laisse un petit peu perplexe l'*I.S*... Pour « cargos contre sous-marins », le problème est résolu, paré, étalé. On a compris. La défense est à la hauteur. Mais « cargos contre avions » ? et surtout contre avions en escadrilles ?... C'est l'inconnu, on ne sait rien... Pas grand'chose... Aucune expérience valable, aucune certitudes. Voilà le hic, le seul. Le Gésier de la vieille Albion se contracte à l'idée... Rien à bouffer dans ses Îles, sauf du charbon.

Cargos contre avions en groupe ? L'Aventure ! les experts de l'*I.S.* se tâtent... Quand ils croiront avoir très raisonnablement résolu ce terrible problème : Protection des convois entre les Açores et Bristol, alors Français, mes petits pères, vous pourrez dire que vos pommes sont cuites, que vous allez sauter dare-dare parmi les mousqueteries folles, les conflagrations à n'en plus finir, les rougeoyantes fascinations. Tout de suite des débris plein la chambre, des cervelles partout !

Il ne faudrait pas croire non plus que ça va suffire désormais d'une méchante petite blessure, un, deux litres d'hémorragie pour vous éloigner des combats ! Ah ! pas du tout ! Des clous ! Vous serez requinqués sur place, refilés « pronto subito » dans l'impétueuse aventure, jusqu'à l'éventrage final : À la gloire de la corrida !

Ça va plus être une excuse d'avoir pissé le sang à glouglous pour se trouver pâle, exempt de sarabande. Ah ! mais pardon ! Mais non ! Mais non ! Tout est prévu !

Et la Science alors ? Et le Progrès ? Ça serait pas la peine...

Et la Chirurgie aux Armées ? Et les transfusions d'urgence ? Vous connaissez pas le tout dernier mot de la Science « transfusionnante » ? L'animal humain aux combats, grâce aux techniques très récentes de transfusions rationnelles, presque instantanées, sur les lieux mêmes de la bataille, a presque plus de raison de mourir. Non. On lui en remet immédiatement du sang, comme ça, sur le tas, la blessure encore ouverte, sang vivant ou sang « de conserve », selon l'heure, les conditions, l'état du cadavre. On le fait revivre pour combattre. Le rendement de la soldatesque se trouve grâce à cette découverte, formidablement amélioré. Ça va barder les corps à corps ! 10, 20 fois mieux qu'en 14 ! Grâce aux transfusions ! 50 fois plus que sous l'Empire ! N'importe quel soldat pourra survivre désormais à de bien plus terribles blessures, de bien plus grands délabrements qu'en 14, des arrachements, des épanchements d'une gravité surprenante, des hémorragies qu'autrefois on aurait tenues pour fatales. Les services de Santé, qu'une vigilance extrême, seront toujours à point donné avec leur sang « de conserve », en bonbonnes stérilisées pour remettre du jus dans les veines. Le remède toujours à côté du mal.

Les déperditions de forces combatives par hémorragies seront réduites au minimum. Plus de ces massacres empiriques, de ces hécatombes au petit bonheur, de ces boucheries très grotesques comme à Charleroi par exemple, où tant de petits soldats furent éliminés, exsangues, beaucoup trop tôt, qui auraient très bien pu tenir, repompés, encore trois, quatre et cinq jours, sous les avalanches de mitraille.

Lacunes de technique ! Impréparation ! Ça n'arrivera plus ! À l'avenir on combattra jusqu'à la dernière goutte de sang, de son propre sang, de sang « injecté », de sang des autres, de sang d'autres vivants, de sang d'autres morts. Ah ! « le Service des Injections compensatrices » jouera parfaitement son rôle sur les champs de bataille. La guerre est un sport comme un autre. On nous l'a assez répété. On a fini par comprendre. Très bien ! Bravo !

Rappelez-vous la natation... Avant le crawl... après le crawl... Ce fut un monde comme différence. Le jour et la nuit. Rendement, vitesse, endurance, décuplés !

La transfusion ça fera de même pour la guerre, ça bouleversera tout. Ça sera un miracle. La prolongation du soldat à travers les pires épreuves, comme on aurait jamais cru. Quatre, cinq fois la durée normale. Il suffira qu'on vous remonte avec une injection de sang, dès que vous aurez perdu, du vôtre, trop abondamment. Question d'organisation, c'est tout. C'est simple. Comme on repompe un pneumatique dès qu'il commence à s'affaisser. À chaque fuite : un litre de sang ! Et hop ! Un coup de pompe ! Et ça refoncera de plus belle, la viande à bataille !

C'est fini les excuses faciles, les virées vers les hôpitaux pour une petite nappe de répandue... l'embrochage d'une artère quelconque... le classique broyage des tibias... c'était bon aux temps romantiques, ces petits trucs sentimentaux... les tragiques pérégrinations de ces « blessés très pitoyables pour populations larmoyeuses ! » Assez ! Y aura maintenant de la pudeur et de l'efficience aux armées. L'arrière ne voyant plus rien ne pleurnichera plus... Toute la cuisine conservatrice des « saignants » se fera dans les zones des armées, sur les lieux mêmes, à l'économie, à la dernière ampoule, au dernier globule, au dernier soupir.

On utilisera tous les restes, impeccablement, toute la viande, le jus, les os, les rognures du soldat, on gaspillera pas un troufion. L'envers vaut l'endroit ! On recoud, ça tient, on injecte, c'est marre. Bonhomme comme tout neuf ! On vous fera durer jusqu'au bout, c'est bien le cas de le dire, vous et votre sang bondisseur, badin, fantasque, gicleur, éclabousseur, à la première écorchure. On arrangera tout ça quand même, on vous remplacera le morceau tout entier (chirurgie Carrel). On vous fera complètement, méconnaissable, mais suffisant, on vous remplacera le sang aussi, et vous refoncerez dare-dare, couper les moustaches à Hitler, clouer les mitrailleuses ennemies. Tous les « Services transfusionnistes » sont parés pour la grande épreuve. Écoutez, c'est un vrai plaisir ce que déclare à ce propos de Dr Tzanck, hématologiste très distingué, dans le très celtique *Paris-Soir* :

« On ne peut de toute évidence envisager de se servir des combattants (comme donneurs de sang) ce serait les affaiblir, car un donneur de sang doit être un sujet favorable, mener une existence tranquille et suivre un régime sain. Faute de mieux, on se résignera au sang "de conserve", car malgré tout la meilleure manière de conserver le sang humain consiste à le laisser à l'homme. Mais les inconvénients d'un pareil système sont nombreux... etc... »

Voilà, n'est-ce pas, de quoi bien vous rassurer ? Vous aurez tout le temps pour conquérir vos citations, à la Brigade, au Corps d'Armée, peut-être même la Médaille, avant qu'on vous relève complètement mort. Et puis ça sera pas fini !... Vous aurez encore de l'espoir ! On vous repompera... Vous pourrez recharger encore... aller reprendre d'autres drapeaux !...

Ça devient vraiment trop facile avec des progrès pareils de se tenir héroïques des mois... des mois... des années...

Y aura plus de raison que ça finisse.

> *Quand je lui donne tort, il m'insulte. Quand je lui donne raison, il me congratule. Je ne peux pas considérer Monsieur Maurras comme un véritable antisémite.*
>
> — Emmanuel-Eugène BERL

Qu'on me pardonne ! Qu'on me lapide !

Mais où veut en venir Maurras ? Je ne comprends rien du tout aux finesses, aux dosotages, aux magnifiques chèvres et chouteries de sa latinissime doctrine. Que préconise-t-il finalement ? Une latinité parfaite ? Une alliance avec l'Italie ? Mais certes ! Nous en sommes ! Avec Franco ? Mais pourquoi pas ! Et puis alors ? On ne sais plus... tout subsiste ? tout est à refaire ? Latinité par-dessus tout ? Tous félibriges ? Hurrah Vaucluse ! Vive Pétrarque ! En avant Mistral ! Un ban pour Virgile ! Horace à l'action !

Le latinisme je peux pas le souffrir, mais je conçois qu'on l'adore. « Sunt verba et voces, praetereaque nihil » (Horace et pages roses).

Peut-on réconcilier l'Europe ? L'unir pour l'amour du latin ? Tout est là. Je ne crois pas. Il faut des raisons plus solides, des raisons de force, d'armées, de foi nouvelle, de race pour unir. Le latinisme est un lien lycéen, un lien de narcissisme académique, de mutuelle admiration pour brillants lauréats du Concours général. L'Allemagne s'est toujours tenue hors du latinisme. Elle s'est terriblement privée ! Elle n'a point participé à la merveilleuse enculerie par les hautaines armées romaines, par les athlètes en rhétorique, prélude à l'autre adorable enculerie par les conjurés déchaînés juifs. Voilà surtout ce qu'on lui reproche à l'Allemagne, nous les nations favorisées sous le rapport « humanisme », la France,

l'Angleterre si hautement civilisées, si admirablement enculées.

La Barbarie Germanique ! L'Allemagne nation de proie ! La bête enragée de l'Europe ! La Barbarie teutonne ! que César n'a jamais pu mettre ! Varus non plus ! Teutobochus le Boche ! « Monstrum horrendum informe ingens ! » (Virgile et page roses).

Ça le gêne énormément Maurras. Il reprend les crosses de César. Il peut pas quitter le lycée. Il s'y est toujours trouvé trop bien. C'est un lycéen enragé. Il fait de la « retenue » volontaire depuis quarante ans.

« Ni Berlin ! ni Moscou ! » Il est très fier de cet adage. Il y tient comme à ses prunelles. Ça vous prend un petit air catégorique... Un petit air seulement... Il ne dit pas notre pétrarquiste la moitié des choses... Il faut tout dire Maurras !... Il faut tout dire !... Ce n'est pas « ni Berlin ni Moscou »... C'est « Avec les Juifs ou contre les Juifs »... Par les temps qui courent celui qui est contre Berlin est avec les Juifs, c'est pur, c'est simple. Maurras vous êtes avec les Juifs en dépit de vos apparences. Ni Berlin, ni Moscou, ça ne veut rien dire ! mais bel et bien « Washington-Londres-Moscou » contre « Berlin-Rome-Burgos ». C'est à prendre ou à laisser ! Il faut choisir ! C'est la minute ! c'est l'instant ! Point de marchandages latins. Ça porte pas beaucoup à choisir les « Humanités », ça porte à circonlocuter, à digresser pompeusement, à s'admirer tout ronronnant dans l'ordonnance d'un beau vide. « Abyssum abyssum invocat. » (L'abîme appelle l'abîme ; David : P. XLI. 8.)

Toujours en garde contre l'Allemagne, « nation de proie », nous retombons, c'est fatal, sous le joug anglais, sous la judéocratie anglaise, dans le célèbre « équilibre », l'admirable, astucieux « équilibre » que nous payons, bon siècle mauvais siècle, d'une bonne dizaine de banqueroutes, de dix ou quinze millions de cadavres (et demain bien davantage) de tout un infernal surcroît de divagueries, démocratisme épileptique. La folle suiciderie permanente ! L'équilibre européen pour nous, c'est ça, une permanence aux abattoirs.

Il est pas difficile, Maurras de trouver le truc très ingénieux, précieux, providentiel, recommandable. Salut ! La Paix par le Désert !

« Ubi solitudinem faciunt pacem appellant » (Tacite).

Que veut-il Maurras ? La France toute seule ? toute indépendante ? ne se compromettant avec nul ? seule défenderesse désormais de son irradiante culture galloromanique ? de son génie pétrarquisant, rabelaitique, moliéresque, Jeanson de Saillyteux, mazarien, maurrassien pour tout dire ? c'est pas très facile non plus...

Ça serait le rêve, mais c'est idiot comme rêve. Nous ne sommes plus sous Louis XIV. Les pets de Monsieur Lebrun ne font plus tressaillir l'Europe. Ils ne font même plus rire personne, ce sont des pets vraiment pour rien. « Cuncta supercilio movemens » (Qui ébranle l'univers d'un froncement de sourcils ; Horace id.) La France toute seule c'est une promenade... Avec l'Italie et l'Espagne ça ne change rien aux conditions, nous pouvons que retomber, une fois de plus, sous l'Angleterre, sous le joug judéo-britannique. C'est tout. Les dignités les plus pointilleuses, les plus respectables, ne changeront rien aux fatalités du fameux équilibre. La France seule ou plus latine encore, par alliance, retombe quand même dans les fontes diplomatiques anglaises. Et nous savons ce que cela signifie.

Le monde est actuellement beaucoup plus vache qu'au temps de Louis XIV sur toutes les questions matérielles, alimentaires, ravitaillements, mines, industrie, matières premières. Les États qui ne possèdent sur leurs territoires, en propre, bien à eux, ni pétrole, ni cuivre, ni bois, ni phosphate, ni coton, ni mines d'or, ni même assez de blé pour étaler par tous les temps, n'avoir jamais besoin de personne, et surtout des bateaux de personne, doivent drôlement et en vitesse s'unir, se confédérer, faire peur aux États riches ou disparaître, crever d'épuisement à force d'être rançonnés, pillés, tondus de plus en plus court par les États opulents, périr dans l'esclavage, dans la honte, dans la guerre des tarifs, dans la guerre tout court, dans toutes les révolutions, les calamités, les catastrophes à n'en plus finir. C'est comme ça : c'est pas autrement. Pourquoi crânouiller ? Pourquoi pas l'avouer, les États sans pétrole, sans cuivre, sans coton, sans or, ne s'appartiennent pas. L'indépendance pour eux c'est un mot. Ce sont, ce seront toujours des états esclaves, des états prolétaires, voués corps et âmes à l'exploitation sans limite par les États Riches, naturellement dotés, privilégiés en cuivre, en blé, en coton, en pétrole. Et puis voilà, et puis c'est tout.

L'Angleterre au tout premier rang de ces états vautours, l'État vautour et comment ! par excellence ! Il n'existe pas plus d'équilibre durable européen qu'il n'existe de conflit éternel franco-allemand.

Ce qui existe c'est un éternel intérêt de la judéocratie anglaise à nous entretenir en perpétuel conflit franco-allemand, par tous les moyens, de siècle en siècle, moyens formidables, bêtes comme chou mais merveilleusement efficaces, la preuve ! « Felix qui potuit rerum cognoscere causas... » (Heureux celui qui a pu pénétrer les causes secrètes des choses ; Virgile et toujours pages roses).

Les Aryens d'Europe n'ont plus trente-six cartes dans leur jeu, deux seulement ! La « carte anglaise », et ils cèdent une fois de plus à l'*Intelligence Service*, se jettent une fois de plus dans le massacre franco-allemand, dans la plus pharamineuse, fulgurante, exorbitante folle boucherie qu'on aura jamais déclenchée dans le cours des siècles (peut-être pour la dernière fois ! les jaunes sont aux portes !) Ou bien ils jouent la « carte allemande », se révoltent, s'unissent, se lèvent contre l'Angleterre, la somment, la sonnent, l'abattent, la rasent. On n'en parle plus. C'est à prendre ou à laisser.

Pas trente-six cartes, deux seulement ! « Video cartas et lupos ! » Exclamation très latine (pas dans les pages roses). « Je vois les cartes et les loups ! » Maurras il a pas les page roses chez lui. Il travaille tout de mémoire. « Ad memoriam ».

> « *Pour abattre Hitler, il faut
> d'abord écraser Staline.* » DORIOT
> — *Liberté* du 12 octobre 1938

Avec quoi, il va abattre Hitler, Doriot ? Avec les régiments français à fils uniques ? Avec quels alliés ? La France n'a plus d'alliés. Elle est bien trop déconfite, galeuse, branleuse, avancée dans les gangrènes, contagieuse, pour qu'on s'acoquine avec elle. Salut.

Pendant la grave dernière crise la Belgique a mobilisé contre nous, pas contre l'Allemagne. L'Italie, il ne se passe pas de jour qu'elle nous fasse très nettement comprendre combien nous la dégoûtons, qu'elle en a marre de nos allures, que tout en nous lui répugne, qu'elle attend qu'une occasion pour nous corriger, pour nous montrer ce qu'elle peut faire avec nos os de pourris... Nos nationaux veulent pas comprendre, ils persévèrent dans leurs efforts de séduction... de plus en plus bas putassiers.

Alors avec quoi il va l'abattre Hitler, Doriot ? Avec les Juifs de son parti ? Il veut écraser Staline en même temps ? Brave petit gars ! Pourquoi pas ? D'une pierre deux coups ! Et youp ! là ! là ! c'est gagné ! Nous sommes en pleine loufoquerie, en plein crânouillage loufoque creux, venteux, bien français ! Cocorico ! Cocorico ! Les prémices de la paralysie générale, la folie des grandeurs !

Aussi absurde que du Maurras, du Kérillis, ou du Péri, vraiment des raisonnements d'hurluberlus à interner. Vous voyez donc pas que vous êtes en l'air ? Que plus rien vous retient au-dessus des précipices ? Que l'Europe toute entière (y compris les Anglais) attend que de vous voir basculer ? Le plus tôt possible ?

À quoi riment toutes ces jactances ? toutes ces proclamations bravaches ? Ces provocations de piteux, perclus, malthusianistes rentiers ? On se le demande ? Le Vésinet en folie ! À nous faire prendre pour encore un peu plus cons, plus bouffis, plus inconscients, inconsistants, hystériques, présomptueux, gâteux, vétilleux que nous le sommes déjà ?... Et puis aussi la muflerie de tous ces cartels ! Remarquez ! muflerie très typiquement française ! Mais Doriot ! Mais Maurras ! Faudrait tout de même en rabattre ! de ces plastronnades ! Mais c'est Hitler qui vous a sauvés tous les deux de Staline et de ses bourreaux juifs ! Ni plus ! Ni moins ! C'est pas vos petites grimaces ! Vous lui devez une fière chandelle à Hitler ! Vous seriez déjà fusillés tous les deux (avec tous les Aryens qui causent) depuis belle lurette ! s'il avait pas l'atroce Hitler nettoyé l'Allemagne en 28 ! Y a de beaux jours que sans Hitler c'est les Juifs du Comintern qui feraient la loi par ici, les Prévôts, à Paris même, avec leurs tortionnaires mastards. Vous seriez servis ! Vous auriez plus beaucoup la chance d'installer sur les tréteaux ! Ingrats ! Non ! Certes ! Vous parleriez aux radis par les temps qui courent. Ça serait fini les grands airs, les poses plastiques terrifiantes. C'est grâce à Hitler que vous existez encore, que vous déconner encore. Vous lui devez la vie.

« Je vas vous désosser, moi, barbares ! Je vas vous abattre bêtes enragées ! atroces Teutons ! Je vas vous retourner les naseaux, moi ! Je vas vous mettre en poudre ! Moi ! Je ! Moi ! Moi ! Je ! » À force de défier comme ça... de vous rendre insupportables... comme si vous étiez en état... Vous allez voir un de ces jours... la purge... Tous les spectateurs de l'Europe ils sont prêts à se fendre la pipe... Les vantards quand on les dérouille ça fait plaisir à tout le monde. Tout le monde est heureux. C'est un cas sans espoir, le vôtre ? Vous avez perdu toute mémoire tellement que vous êtes abrutis ? ou c'est encore la suffisance ? Vous pouvez plus vous souvenir combien qu'elle aurait duré la France de 14, rien qu'elle, toute seule, devant l'Allemagne ? Quinze jours maximum.

Vous vous saoulez à l'eau de la Marne à présent ? C'est complet... Cocorico ! Cocorico ! Cocorico !

*Sauvés ! On discute !* — Les Juifs.

Je trouve l'antisémitisme italien tiède, pour mon goût, pâle, insuffisant. Je le trouve périlleux. Distinction entre les bons Juifs et les mauvais Juifs ? Ça rime à rien. Les Juifs possibles, patriotes, et les Juifs impossibles, pas patriotes ? Rigolade ! Séparer l'ivraie du bon grain ! Tout de suite nous retombons dans les fines discriminations, les scrupules libéraux, les nuances, les mesures « équitables », les trouducuteries, les avocasseries, les rhétoriques, les pines de mouche, en plein « latinisme ». Maurras est ravi. Donc pratiquement c'est inepte.

Le Juif gagne toujours dès qu'on lui entrouvre la porte des fins dosages, des justifications dialectiques... C'est son métier la dialectique.

Un Juif a toujours raison. C'est le principe.

Il aura toujours raison, cent mille raisons, cent mille excuses, toutes meilleures les unes que les autres pour demeurer chez vous, pour attendre, attendre encore, et puis un jour, tout oublié, vous foutre vous dehors, dans deux ans, dix ans, vingt ans... Toute l'Histoire des Juifs hurle ce principe : « Tout compromis avec les Juifs se termine par le triomphe des Juifs et par l'écrabouillement des Goyes. » C'est classique. Vous n'y couperez pas. On veut se débarrasser du juif, ou on ne veut pas s'en débarrasser. Qui veut la fin veut les moyens, et pas les demi-moyens.

Le chirurgien fait-il une distinction entre les bons et les mauvais microbes ? Ceux qu'il entend laisser mijoter dans le champ opératoire, les microbes tranquilles, les « dénués de virulence », les inoffensifs saprophytes et puis les germes qu'il doit éliminer tout de suite, faire bouillir, détruire inexorablement, sous peine des plus graves pépins, des septicémies mortelles ?

Non. Cette attitude serait inepte, désastreuse. Il passe à bouillir tous ses instruments avant d'opérer et pas pendant, mais vingt bonnes minutes sous pression, extrêmement scrupuleux. A.B.C. de l'Art chirurgical.

Tout est mystérieux dans le microbe comme tout est mystérieux dans le juif. Un tel microbe si gentil, un tel juif si louable hier, sera demain la rage, la damnation, l'infernal fléau. Nul ne peut se porter garant de l'avenir d'un microbe, pas plus que de l'avenir d'un Juif. C'est la bouteille à encre. Les vagues de virulence passent sur l'espace et puis c'est tout, comme elles veulent, quand elles veulent. Saprophytes inoffensifs, Juifs inoffensifs, germes semi-virulents, virulents seront demain virulissimes, foudrouyants. Ce sont les mêmes Juifs, les mêmes microbes, à divers moments de leur histoire, c'est tout. Personne n'a le droit de se risquer seul, c'est tout. Personne n'a le droit de se risquer d'introduire un seul microbe, un seul juif dit inoffensif, dans le champ opératoire. Personne ne sait ce que deviendra, ce que fut autrefois, comment va tourner le microbe ou le Juif le plus bénin d'apparence. Tous les adversaires de Pasteur n'étaient pas incurablement, irrévocablement crétins, ou de mauvaise foi. Certains d'entre eux firent même de très honnêtes efforts pour appliquer dans leur chirurgie les nouvelles méthodes pasteuriennes. Ils ne demandaient pas mieux que de stériliser leurs instruments avant d'opérer. Ils croyaient en toute probité les avoir stérilisés parfaitement, leurs instruments, de très bonne foi, quand ils les avaient bouillis au préalable quelques minutes, comme un œuf à la coque, un-deux-trois minutes, dix minutes au maximum. Les résultats étaient effroyables. « Monsieur Pasteur est un charlatan ! Son antisepsie n'est qu'une farce. Je les ai fait bouillir, moi, mes bistouris ! Selon sa fameuse méthode ! Mes statistiques démontrent que la méthode Monsieur Pasteur n'est qu'une faribole de maniaque. Rien ne change par sa méthode ! Même infection ! Même mortalité ! Les microbes ! Ses microbes ! Quelle duperie, quel battage ! »

À cette époque l'infection post-opératoire enlevait à peu près 95 pour 100 des opérés. Pasteur eut toutes les peines du monde (dix ans de parlotes furieuses) à faire comprendre à ses adversaires qu'ils étaient tout de même, eux, responsables de leurs échecs opératoires, pas sa méthode. Les découvertes pasteuriennes furent formellement niées en France, bannies pendant dix ans, et par les plus grands savants français de l'époque. Les méthodes pasteuriennes n'acquirent droit de cité que grâce à Lister, après un long exil en Angleterre. Ces petits démêlés tout à l'honneur du fameux esprit français, tout de lumière, de lucidité, de logique, de cartésianisme, de narcissisme. Bref, Pasteur dut renoncer pendant dix ans à faire admettre aux savants de la Race la plus intelligente de la Terre qu'entre une ébullition de trois minutes et une ébullition de vingt minutes, il existait un abîme, un monde, qu'une stérilisation de trois minutes demeurait imparfaite, donc absolument inutile (plutôt nuisible), tandis qu'une ébullition de vingt minutes, scrupuleuse, stérilisait véritablement, parfaitement, les instruments opératoires, supprimait tous les germes (et leurs spores), et par conséquent toute possibilité d'infection.

Pour ces éminentes cervelles latines le mot « stérilisation » suffisait. Elles avaient eu le mot ! Elles avaient eu la chose ! Ébullition ? N'est-ce pas ? Très bien ? Antisepsie ? Alors ? Deux ! Dix ! Vingt minutes ! Qu'est-ce que ça pouvait bien foutre toutes ces histoires de minutes ? Des échappatoires ! Des alibis ! Des faux-fuyants ! Des chichiteries ! ces minutes ! Quelle différence ? Y avait bien eu tout le mot : ébullition ? On avait bien fait bouillir ? Alors c'était l'essentiel !

Pasteur était condamné devant l'Académie de Médecine française, latine, verbale, puisqu'il avait prononcé le mot ! Il était foutu. Ils avaient tous répété, les quarante académiciens, le mot. Alors c'était suffisant. Si ça marchait pas c'était tant pis pour sa gueule ! Les latins, les latinisants sont conifiés par les mots, toujours, ce ne sont pas eux qui conduisent les mots, ce sont les mots qui les conduisent. Ils croient aux mots, ils ne croient qu'aux mots. Ils pensent que le monde est un mot, que le juif est un mot, que la stérilisation est un mot, que tout peut s'arranger avec des mots, avec un mot, avec un mot juste, avec un mot heureux. Ils raffolent des solutions verbales, dites heureuses, ils n'en reconnaissent jamais d'autres. Si les événements comme à Munich viennent bousculer leurs petites solutions verbales, vous les voyez longtemps, longtemps encore, demeurer tout déconfits, malheureux, ne reconnaissant plus le monde, leur monde, qui est un monde essentiellement de mots.

À force de tout arranger, de tout trancher avec des mots, ils finissent par croire forcément que tout est arrivé. Et en avant ! Et en avant les mots ! Nous possédons maintenant en France le plus soufflé brelan de vaniteux crétins pontifiants imaginables, les plus grands rhétoriciens, raisonneurs de travers de la Planète, les plus fieffés culottés épouvantables grands moralistes à faux de l'univers.

Revenons à nos Juifs.

Il se passera en Italie, en France, pour les youtres, exactement ce qui s'est passé pour la pseudo-antisepsie désastreuse. C'est facile à prévoir. Ces semblants de déjudaïsations, ces antisémitismes mitigés, mesurés, littéraires, à mots couverts, feutrés, ne donneront rien du tout. Si vous voulez dératiser un navire, dépunaiser votre maison, vous n'allez pas dératiser à demi, dépunaiser seulement votre premier étage ? Vous seriez certains d'être envahi dans un mois, par dix fois plus de rats, vingt fois plus de punaises.

Les déjudaïsations à l'italienne, à la Maurras, à la circonlocution, ne me disent rien qui vaille. Ce ne sont que désinfections littéraires, non efficaces, irréelles. Je suis même persuadé qu'elles font aux Juifs beaucoup plus de bien que de mal.

Toute l'histoire ancienne et contemporaine nous prouve que ces simulacres, ces semblants d'action contre les Juifs réussissent admirablement ! Voyez les résultats !

Deux qui sortent par la porte, trente-six mille rentrent par la fenêtre. Et les demi-juifs ? Pourquoi par les demi-microbes ? les quarts de microbes ? Il faut savoir ce que vous voulez. Vous voulez vous débarrasser des Juifs ou vous voulez qu'ils demeurent ? Si vous voulez vraiment vous débarrasser des Juifs, alors pas trente-six mille moyens, trente-six mille grimaces ! Le Racisme ! Les Juifs n'ont peur que du racisme. L'antisémitisme, ils s'en foutent. Ils peuvent toujours s'arranger avec l'antisémitisme. Le nationalisme est là pour un coup ! et le baptême donc ! Racisme ! Racisme ! Racisme ! Et pas qu'un petit peu, du bout des lèvres, mais intégralement ! absolument ! inexorablement ! comme la stérilisation Pasteur parfaite. Si vous voulez faire seulement joujou, lancez-vous tout de suite dans les « équitables dosages », les judicieuses mesures, les nuances, l'antipersécutionnisme par exemple. Du coup vous pouvez être tranquilles, vous les garderez tous vos Juifs, mieux encore, tous leurs cousins, leurs connaissances, leurs relations, (et Dieu sait qu'ils en ont !) ne manqueront pas de vous rappliquer des quatre coins de l'Univers attirés par votre renommée libérale, viendront se blottir sous vos ailes, pour vous admirer de plus près, vous et votre si fine, lumineuse compréhension de la dialectique culturelle, des hauts devoirs humanitaires, de la fraternité pro-juive, de l'identité de tous les hommes dans le malheur. Vous serez gâtés ! Ah ! Vous ne serez pas l'ordure totale ! La brute indicible comme Hitler !

Pourquoi Maurras, je me demande, a-t-il peur du racisme ? Il a rien à craindre dans ses origines ? Peut-être qu'il veut pas faire peur aux Juifs souscripteurs, aux « bons Juifs » ?

Conclusion : Par les morales les plus rigides, les mesures les plus terrifiantes on n'arrive pas à grand'chose avec les hommes, mais par les demi faux-semblants, les demi-teintes, les faux-fuyants, qu'est-ce qu'on espère ?

Autant bien mieux avouer tout de suite qu'on a rien envie de faire du tout, qu'on s'en fout.

Ça serait plus simple, plus honnête.

Et puis Amen nom de Dieu ! Et vive l'enfer du Talmud !

R ien de plus juif que la Pape actuel. De son véritable nom Isaac Ratisch. Le Vatican est un Ghetto. Le Secrétaire d'État Pacelli, aussi Juif que le pape.

L'Église est toujours prête à rebrûler Jeanne d'Arc. Trop heureuse ! L'Église, notre vieille sorcière judaïque, marchande de cierges...

Qui mange du Pape en meurt !

Alexandre BORGIA

Le monde dans toute sa folie, suit malgré tout, d'assez près, les prédictions juives. Ça peut pas beaucoup nous surprendre puisque les Juifs sont les auteurs de toutes nos musiques, de toutes les danses dont la futile humanité trémousse, s'écartèle. C'est la moindre des choses qu'ils s'y retrouvent dans les ritournelles du destin.

Presque tout est advenu à peu près selon les présages depuis l'Égypte... Rien à dire, l'un dans l'autre, dans l'ensemble, ça colle. Jusqu'en 1940, c'est bien comme ils avaient prévu. Mais où ça ne va plus du tout, où la machine à prédire déglingue, cafouille, foire, déconne horriblement, où les Mages les plus déliés, les plus diserts, les plus surhumains pataugent, louvoient, se noyent en furieux pataquès, c'est quand ils arrivent aux abords de l'année 1940. Alors, ça va plus du tout. On les comprend plus. Leur charabia s'épaissit, c'est la nuit. C'est plus qu'un ergotage horrible dans les rangs magiques. Ils nous laissent en panne devant les abîmes. Même Nostradamus, le prodige des Vaticinants, le youtre que pas grand'chose démonte (il avait prédit les Saturnales 93, jour pour jour, 300 ans d'avance) s'interrompt, chipote, esquive, désiste, bouffe sa chique. Les plus suprêmes superconscients du bout des siècles se déballonnent aux abords 1940. Rien ne va plus dans l'extra-lucide. Tous les prémoniteurs s'étranglent. 1940 leur coupe le sifflet. L'au-delà 1940 pue les cataclysmes. Ça va trop mal pour qu'on en cause. Tous les voyants louchent ailleurs. Ils préfèrent. La mite les poisse... leur obstrue la divination... Ils se touchent... Ils tortillent... Ils refusent de remettre leurs besicles. La fête est finie.

Pour moi, c'est la honte, c'est la chiasse qui les étreint, qui les poigne, qui les interdit... Ils gafent les Mages, (Ils sont tous aux Juifs), dans les horoscopes, les tarots, les marcs, salamandres, que ça sera un grand règlement 1940 ! Ils savent de quoi elle retourne l'Histoire, c'est eux qui l'ont engendrée, que c'est pitié infernale, démoniaque pitrerie, comme les Goyes se sont fait poirer, trucider, spolier, bénarer, hacher, foutriquer toujours et toujours par les Youtres, depuis le commencement des Âges ! La grande escroquerie masochisto-chrétienne, ils la connaissent dans tous les détours, tous les déclics, toutes les ficelles, tous les tréfonds des catacombes, depuis Moïse, depuis Pierre jusqu'à Belisha, de ghettos en ghettos... de cathédrales en Comitern... Tralala ! Je vous l'affirme ! (Des vents ? Des phrases ? Des pauvres paroles ?) Boyaux vous-mêmes. Piteux ! Silence ! N'émettez plus ! Émissions craintives ! Vents du bas ! Je vais vous les conclure moi les Mages ! Vous la remettre la clef des mystères. Vous en ferez ce que vous voudrez !

« Pulsate et aperietur vobis ! » (Frappez et il vous sera ouvert ! Évangile St. Luc) Je peux pas me compromettre davantage. Je vais tout vous révéler ! Ce que l'on ne vous dit jamais, ne raconte jamais aux enfants.

Ce n'est pas depuis hier, c'est bien depuis Charlemagne que tout va si mal en Europe. Depuis Charlemagne, nos carottes sont cuites, recuites, revenues, remises à bouillir au sang goye !

Depuis son fils, le Débonnaire, le débile, l'enviandé fameux, l'illuminé fait chrétien de foi la plus vive, celui des confessions publiques, le comprimé de contrition, de pieuserie, l'empereur bouleversé de remords, l'empereur mortifié, confesseur de toutes ses indignités sur tous les parvis de l'empire. Un cadeau !

L'empereur dévotieux époux, servi ou éperdu de remords mystiques, fondant au possible... servi mollet, servi poreux, servi friable, servi cocu à sa terrible garce, Judith de Bavière, l'épouse du démembrement, la fauve judaïque ! Louis le Débonnaire le pâlot ! Louis le Pénitent ! Louis l'Aryen ! tout du confesseux ! Et puis toute sa lignée des envoûtés pusillanimes, toute la kyrielle carolingienne, de plus en plus dévotieux, pâlots, superpénitents, mortifiés, humiliophiles... épongeogènes... torchecuteux... Charles le Chauve... Louis le Bègue... les rejetons de plus en plus gris... les rejetons verdâtres... de plus en plus confesseux... désastreux, délirants d'indignité, de torts, de fictions mortifiantes, de pénitences... de cilices, de manque de couilles... de couillettes... de plus en plus éplorés, déplorés, contrits, capitulants, scrupuleusement angoissés, trifouillants insatiables, inconsolables, de croquemitaineries ratichonnes, branleux excommuniants, mea culpins infinis de plus en plus chevrotants, affolés, de plus en plus éperdus, de plus en plus chauves, de plus en plus bègues. Ah ! Nous avons été soignés ! fignolés... Ah ! Nous fûmes joyeusement lancés dès les premiers siècles dans la belle carrière enculière des abnégations ! soumissions ! repliements ! holocaustes ! détachements ! docilités sublimes ! châtiments ! châtiments ! abélardises ! joies sacrificielles ! massacres expiatoires !

Ah ! Nous avons été gâtés dès nos origines pour la pénitence ! la rage des pénitences ! Masochistes attendris pour tous aveux chrétiens ! Nous avons de qui tenir ! La joue ! deux joues ! Trente-six joues ! Tout le buffet ! Trente-six mille chandelles ! Vessies ! Vessies ! Toutes les étoiles du ciel ne sont que les lanternes du Temple de notre connerie. La foi ! La foi ! Quelle foi de la merde ! Nous avons de qui tenir pour l'hébétude crédule ! Quel dressage ! La frénésie de souffrir ! Les descendants carolingiens n'ont su tout de suite comment dégénérer, crouler, renoncer davantage, s'émasculer encore un peu mieux, ramper encore un peu plus grotesquement sous tous les bénitiers du Pape, se rendre encore un peu plus dégueulasses par nouvelles renonciations, macérations bêlantes. Le plus éhonté brelan de christianeux enfifrés qui soit jamais tombé sous la férule des youtres. Quand je dis les youtres comprenez les évêques aussi, c'est pareil. Tout un empire à genoux ! Quel beurre ! Suppliant ! Implorant les absolutions ! Tout un empire de confesseux ! De l'empereur au dernier des serfs ! Tous à genoux ! Ah ! la savoureuse pharamineuse chariboterie ! Toute la horde aryenne en esclavage volontaire ! Le Masochisme fanatique pour tous !

La religion christianique ? La judéo-talmudo-communiste ? Un gang ! Les Apôtres ? Tous Juifs ! Tous gangsters ! Le premier rang ? L'Église ! La première racket ? Le premier commissariat du peuple ? L'Église ! Pierre ? Un Al Capone du Cantique ! Un Trotzky pour moujiks romains ! L'Évangile ? Un code de racket... L'Église catholique ? Un arnaquage aux bonnes paroles consolantes, la plus splendide des rackets qui ait jamais été montée en n'importe quelle époque pour l'embéroutage des Aryens. On ne fera jamais mieux ! Depuis

Sésostris c'est le grand jeu ! C'est le nougat miraculeux ! Toujours les Goyes qui sont marrons ! À tous les coups ! à tous les détours ! Des Catacombes en Tartarie ! De Babylone chez Citroën ! De Catalogne à Chicago ! Immanquable ! Le Goye chocolat partout ! À genoux ! La nouvelle variété du genre, le stratagème « communiste », c'est de « l'à genoux » aussi pour tout le monde, bien sûr, forcément, mais ça vaudra jamais l'autre, l'évangélique ! Ça sera jamais si fameux ! Si assuré, si peinard ! Y a plein de « paillons » dans le communisme, des statistiques qui empoisonnent, des mirages de jambonneaux qu'il faut toujours dissiper. Ça sera jamais aussi splendide comme fonctionnement, comme rapport. L'autre, la « Légende catholique » ça se déroulait dans les nuages, jamais de contrôle ! jamais de risques ! Aucun frais ! Tout en rêves !

Ce qui tue le juif dans le communisme, c'est que l'incrédule peut y aller voir, se rendre compte, en Russie, et revenir dire que c'est pas vrai !... Que rien du Paradis n'existe... Que les jambons tombent pas du ciel. Ça fait mal. Christianisme, foi liquéfiante pour éternels agenouillés transis, prostrés terrifiés, angoisseux empaffés, voués, offerts, évertués à toutes les priaperies juives, à toutes les foutriqueries judaïques, goulus de tous les foutres, de toutes les ruées d'Abyssins, les miches toujours en bataille, toujours en souffrance ! Résignation ! La religion des Soumis ! La croyance faite pot ! Pénitence ! Aveux ! Tendres aveux ! Confidences ! Re-Pénitence ! Macérations ! Abnégations ! Plus d'épreuves ! Sacrées ! Tortures ! Bénies ! Adoration des chères souffrances ! Pleurnichons ! Bas les frocs ! Encore plus de contrition ! Déchirements ! Désolation ! Méticulisation de l'Indignité souffreteuse ! Purgatoire ! Purgations ! Vaticinations confessières ! Douleurs ! Douleurs ! Plus de douleurs ! Flagellations ! Crucifix ! Encore ! Remords éternels ! Larmes ! Larmes ! Deuils ! Mortifications laminantes ! Agoniques ! Merci ! Amen ! Amen !

Quelle mirifique aubaine pour le juif que cette planète surpeuplée d'esclaves éperdument contrits, auto-analyseurs introspecteurs farfouilleur submergés exorbités pour des fantômes en pines de mouches à longueur de cauchemar terrestre. Quelle manne mille fois plus juteuse, délectable, profitable, régalante, que les pauvres sucs candis du Désert d'Horeb !

Cette mirobolante incroyable pullulation des serfs aryens fanatiques en ratiocinages dénigrants ! tout étouffés ! abrutis de haines mutuelles, fébrilement, farouchement ragoteux, scrupuleux de toutes conneries décervelantes, toujours passionnément fiers de se faire mieux englander, saloper toujours davantage par leurs satrapes juifs, plus cruellement si possible, se faire éventrer de bas en haut pour la jubilance, l'irradiance du Moloch crépu. Jamais assez ! Jamais trop ! Voilà le miracle ! Peut-il exiger davantage de la Terre et du Ciel le juif ? Dieu-Juif partout !

Les Aryens sont immédiatement mordus pour tout ce qui peut les avilir, les asservir davantage, les dégueulasser un peu plus. Ils se feront mettre en charpies pour n'importe quel youtre, encore un peu plus crapule, plus charlatan que les autres... Pierre, Marx, Trotzky, Roosevelt, etc...

Constipés en tout, bouchés de partout les Aryens, sauf pour la ravagière bite du juif, toujours admirablement aspirée, sucée, folichonnée, réchauffée, régalée, réjouite adorablement. C'est plus de la rage, c'est de la communion du fondement.

La connivence judéo-chrétienne, prélude à la grande curée judéo-maçonnique a toute son origine dans le traité de Verdun (843). Le Traité de Dépiautage, de Démembrement. L'Empire carolingien tronçonné. Sabotage de l'Empire, découpage de l'Empire en trois lopins idiots :

France-Allemagne-Italie. Sabotage de l'Europe. Fagotage de l'Europe en cinquante frontières absurdes. Création de l'Europe impossible. Création de l'éternel conflit franco-germanique, de l'éternelle boucherie franco-gemanique, de l'inépuisable tuerie d'Aryens français contre Aryens allemands.

L'Apocalypse en famille, pour la plus grande prospérité, gloire, dévergonderie, rigolade, bacchanale d'Israël.

> *Le gouvernement du Reich a inauguré hier le canal Rhin-Danube commencé par Charlemagne.* — Les Journaux, 31 octobre 1938.

Caltez avec vos parchemins ! Arrière ! Troubadours ! Luth ! Sornettes ! Oh ! Là ! Là ! Pirette ! Néfaste ! Au musée ! La honte ! L'attirail ! Pauvre peau de lapin ! Fripe ! Défroque ! Cervelle romancière ! Entendez-vous l'Ostrogoth ! 843 ! Pourquoi pas Mathusalem ! C'est à se la dévorer vivante ! ! Quel bouffon ! Pouffons ! Il est trop drôle ! En vérité ! Ferdinand Luminal ! Scandale ! Vendu ! Le vampire d'Aix-la-Chapelle ! Douche ! Douche ! Charlemagne ! Oh ! Oh ! Oh ! Il est impayable ! Véritablement ! Aspersion ! Immersion !...

C'est curieux, moi, je ris pas du tout... Je la trouve crépitante, embrasante d'actualité ma petite histoire du Débonnaire.

C'est le Tour de France, moi, qui me fait chier, avec ses étapes en mélos, ses apéros dithyrambiques. Je le trouve morne, ampoulé, rampant le Tour, poudreux, fadasse, archaïque, à côté des vicissitudes du Traité de Verdun 843. C'est pas de la réclame, c'est sincère. Il me possède, moi, âme et substance, le Traité de Verdun 843. Je suis pas seul d'ailleurs, vous mêmes qui gloussez, petits marles espiègles, vous en crèverez bientôt du Traité de Verdun 843. Il a pas fini de vous ébahir, de vous éblouir le Traité de Verdun 843. Vous en baverez des grenades par extraordinaire émotion. C'est autre chose que les Rois de la Jante ! que les duels Byrrh, Suze, Bartali, Pernod, dans tous les cols de la Faucille ! Ah ! Pardon ! jamais rien ne vous fut offert aux « Actualités », de plus merveilleusement actuel que les fastes du Traité de Verdun 843.

C'est *Paris-Soir* qui nous excède avec ses rabâcheux topos, ses vieilleries d'y a deux heures qui pèsent déjà soixante siècles, les petits détritus de la veille servis pomponnés, judaïques, foisonnants, d'éloquence merdeuse.

C'est pas l'écran, c'est pas vos canards vendus qui vont vous mettre à la page. Personne ne vous parlera jamais du Traité de Verdun 843, de nos maudites origines. C'est sûrement pas *l'Humanité* qui va se mettre à table, Gabriel Péri juif de service, ni la radio, juif de service Ben Azet, ni la synagogue *Populaire*, ni le Gallus-Latzarus, ni le reste de la presse française, composite de larbins aux ordres des Grads-Prêtres Bollack-Stern-Havas les Juifs aux sources des Nouvelles ! C'est pas Romier, c'est pas Mauriac, c'est pas Buré, etc... tous hommes de la conjuration, sous-juifs synthétiques. Ça ferait pourtant des beaux chapitres pour leur « Allemagne, bête enragée, nation de Proie » et leur « Conscience Universelle »... Ils nous expliqueraient bien des choses chemin faisant... Ils nous amuseraient certainement... Ils nous émouveraient [sic] peut-être...

La catastrophe de Verdun 843, c'est la catastrophe permanente, elle outrepasse toutes les autres, question de sensation, par la violence spectaculaire... Ils en rempliraient les journaux s'ils voulaient rien qu'avec qu'elle, en photos-montages gigantesques, en panoramas hallucinants. On verrait tous les Aryens éclater, tantôt sous les tanks, tantôt sous les barricades, sous les charges de cavalerie, sous les hoplites, sous les marmites de poix bouillante, sous les barbacanes, ça dépendrait des époques, du genre de la croisade en cours. On verrait comme ça toute l'histoire, notre Histoire d'Aryens, en gros plans fondus charniers.

Toujours, toujours y en aurait d'autres des cocus à massacrer, toujours d'autres...

Pas besoin de tous ces petits crimes de la première page, ça serait plus qu'un vaste abattoir d'un bout à l'autre du cancan.

Du vrai journal pour le peuple, dans le peuple, fait avec le peuple.

Nous sommes séparés de l'Allemagne depuis 1100 ans ; 1100 ans de merde, de conneries furieuses, 1100 ans de mensonges sans arrêt, de trémolos ignobles, de palliatifs vaseux, de rémissions louches, de revanches toujours plus infectes, de solutions pourries.

Nous n'en sortons pas. Nous sommes les enfants d'un cauchemar, d'un monstre dont tout le sang nous dégouline plein la gueule et plein les yeux. Nous ne parlons plus que de sang, dans le sang. Nous ne voyons plus que du sang.

Depuis 1 100 ans, veaux traqués, nous ne faisons que chavirer d'un abattoir dans un autre, d'un charnier dans un autre, toujours plus accablés, plus soumis, plus saignants. Il règne sur toute cette Europe un sale fatalisme de boucherie, une dévotion très prostrée devant toutes les tueries possibles, infiniment répugnante, à en dégoûter Dieu le Père, s'il n'était de par lui-même Jean Foutre si dégueulasse. Plus de 1 100 ans d'éventreries bafouilleuses, de balivernes apocalyptiques, de calembredaines massacrières. Ça suffit pas ?

Ça fait peut-être tout de même le compte ? Le poids comme rançon ? Comme pénitence d'un foutu calamiteux parchemin confesseux. D'un Traité de honte et de scrupules débilogènes ? Comme expiation des conneries d'une clique d'empédéreux christianeux carolingiens ! Merde ! C'est un véritable enfer comme dommages et intérêts ! Rideau ! N'est-ce point le moment qu'on s'en torche du Traité de 843 ? L'avons-nous suffisamment fumée l'Europe de nos barbaques françaises et allemandes, depuis 1 100 ans ? Pour les bénéfices judaïques ? On va faire les comptes ! Et surtout depuis quatre siècles pour la sorcière britannique, la Sarah-la-Marmelade de son yite ! après on causera !

Jusqu'à preuve du contraire, c'est une ordure Miss Marmelade, l'atroce Angliche, pas fréquentable, bel et bien maquée, reluisante, avec le plus jeton des doubleurs. C'est même une honte qu'on lui cause à cette bourrique fourreuse de youtres. Pas des paroles qu'on lui devrait ! rien que des glaves ! Et plein la fiole ! Que ça lui dégouline partout ! Plein l'arrogance ! Pour cent mille livres de bien gluants, à chaque fois qu'elle l'ouvrirait ! Voilà du régime pour sa poire ! C'est une donneuse ! Roule the wouèves ! Roule-the-Merde ! L'Albion roule the ouaives de charognes ! Saloperie ! Sarah Marmelade, la donneuse d'Europe !

## DE PROFUNDIS.

Tout le pognon des Français, si paysans, si regardants, il est plus du tout dans leurs poches, il est passé dans les fouilles juives, dans les caves de la Cité. Il a suffi d'un bon petit siècle de triomphale démocratie, de maçonnerie prestigieuse pour accomplir ce miracle, qu'à petit flouze il pousse des ailes, qu'il revienne plus du tout par ici.

Question de places, d'emplois, de petites fonctions, de grosses prébendes dans l'industrie, l'artisanat, la presse, les Arts, la médecine, c'est exactement du kif. Y en a plus que pour les Juifs ! Et puis dans les Trusts de même, les fameux trusts vampiriques, dont on arrête pas de nous causer (les deux cents familles...) Il a suffi d'un siècle de Loges pour que tout ça passe aux yites. Les indigènes n'ont plus rien. Ils sont strictement dépouillés, repassés. Le miracle est accompli. Ils ont plus qu'une chose à faire pour se rendre plus utiles encore, c'est s'en aller crever aux guerres, pour défendre l'or de leurs patrons, de leurs youtres, de leurs dieux. À quoi ils serviraient sans ça ? Je vous le demande ? Toutes les viandes françaises indigènes seront demain hachées, grésillées, farcies « petits éclats », menues grenailles, fondues, revenues « estouffades », servies chaudes au gaz, sur les champs de bataille des cinq fronts. Ça leur fera faire des Pâques splendides à ces zigotos d'Aryens ! À ces petits émancipateurs ! Prêchez ! Prêchez, mes petits frères ! l'émancipation par les Bases ! Vous allez gagner ! Vous allez tous être régalés dans la Croisade antifasciste ! Personne ne sera oublié dans la distribution des prix. Y en aura pour tous ! Vous avez une chance inouïe ! Ma parole ! Récitez votre « Pater » ! Vos « Dies Irae » ! mot à mot ! Vos propres faire-parts ! Vos « Ave » ! Gâtés ! Pas besoin de retenir vos créneaux ! Vos caveaux ! Tout est prévu !

Organisé ! Au kilo ! Chaque offensive ça pèse tant de viandes ! Tant par fringale expiatrice ! Tant par service rédempteur ! Bien dans vos natures ! Allez-y ! Poitraillez Mordieu ! C'est des vrais cadeaux qui vous tombent du ciel ! Des trépas pareils ! Pour des causes si illuminantes, si pharamineusement humaines ! Des agonies pleines de fusées, des vraies féeries ! Des comas éblouissants ! C'est pas banal ! C'est même suprême ! Tout seuls comment que vous finiriez ?... Hein ?... Je vous le demande ? De morts naturelles, sans doute... banales... Des agonies de vieillards comme ça... dans des lits ?... lamentablement... Pouah ! Allons ! Des hésitations ?

Une offensive qui piétine c'est de la barbaque qui tourne jaune, qui ramollit au péril. Tant de tonnes de plus ! fraîches, c'est gagné ! Le moment critique ! Dare-dare ! Les États-Majors sont guillerets, ne demandent qu'à vous élancer dans les attractions... Et puis d'abord, écoutez-moi, si vraiment ça vous lancine, que vous trouvez que ça traîne de trop, que vous pouvez plus vous retenir d'impatience, vous pouvez toujours rejoindre, sans délai, le Marquis Marty d'Albacete au front gouvernemental. Il a du travail à la main. C'est un vrai père pour les chômeurs le Marquis d'Albacete, lui si mutin de la Mer Noire, si fusilleur en Castille, si foireux aux gerbes à Toulon mais toujours remarquez-le bien, le Marquis Marty d'Albacete, toujours de l'excellent côté du Conseil de Guerre. C'est à ça qu'on reconnaît la classe, la valeur de l'homme.

L orsqu'elle sera terminée la prochaine Croisade, Dieu sait comme ! Le Juif pourra se vanter de nous avoir tous possédés jusqu'au dernier millésime de notre croulant fifrelin, jusqu'à l'ultime grelottante goutte de la suprême hémorragie.

Tant pis ! Tant mieux ! Le plus tôt sera le mieux ! Le pire serait encore qu'on vous ressuscite dans une telle horde de férus infects furieux cocus, trépignants pour tous abattoirs, irrésistibles d'être égorgés, inassouvibles aux sacrifices.

Les États Aryens : Parcs à bestiaux pour tueries juives. Batailles rituelles pour équarisseurs, beuglements, charrois en tous genres, phénomènes sociaux divers, traite des vaches pendant les entractes.

Vous avez l'Europe telle quelle depuis l'année 843, l'année du partage, du démembrement. Ça n'a pas cessé le grand sport depuis ce moment, et c'est pas fini, et ça continue. Comprenez-moi bien.

Mais alors, dites donc Ferdinand, vous allez pas terminer ce genre prétentieux ? Ces effets captieux ? Ces paradoxes imprécatoires ? Ce phrasouillis vétilleux ? Où que vous partez en zigzag ? Vous allez pas aboutir ? Abrégez un peu vos facondes ? Venez au fait ! Que voulez-vous ?

Moi, je veux qu'on fasse une alliance avec l'Allemagne et tout de suite, et pas une petite alliance, précaire, pour rire, fragile, palliative ! quelque pis-aller ! Pas du tout ! Mais non ! Mais non !... Une vraie alliance, solide, colossale, à chaux et à sable ! À la vie ! À la mort ! Voilà comme je cause !

Je suis pas en train de cacher mes préférences, mes sentiments. Je trouve que sans cette alliance on est rétamés, on est morts, que c'est la seule solution. On est tous les deux des peuples pauvres, mal dotés en matières premières, riches qu'en courage batailleur. Séparés, hostiles, on ne fait que s'assassiner. Séparés, hostiles, côte à côte, on sera toujours misérables, toujours les esclaves des bourriques, des provocateurs maçons, les soldats des Juifs, les bestiaux des Juifs. Ensemble on commandera l'Europe. Ça vaut bien la peine qu'on essaye. On filera une telle trouille aux Yites qu'ils s'évaporeront de la planète. Même pas besoin de les toucher, on les flambera juste un petit peu... le bout des arpions... On se réveillera comme d'un cauchemar. Ils seront partis !... pour toujours !...

On filera Londres en quarantaine, au garde à vous. Ça pourra se faire immédiatement. C'est que des haines artificielles qui existent entre nous et les Boches, ourdies, ranimées, entretenues, propagées par les Traités et les Loges, les journaux, les radios, à la solde du Juif. Ça peut s'arranger en 48 heures. Rien d'irrémédiable.

Il faut de la haine aux hommes pour vivre, soit ! c'est indispensable, c'est évident, c'est leur nature. Ils n'ont qu'à l'avoir pour les Juifs, cette haine, pas pour les Allemands. Ça serait une haine normale, salvatrice, défensive, providentielle, comme contre une vérole ravageante, ou les envahissements de la peste, les rats colporteurs de morbus. Ça voudrait dire quelque chose.

La haine contre les Allemands, c'est une haine contre nature. C'est une inversion. C'est notre poison, et mortel. On nous l'injecte tous les jours, à doses de plus en plus tragiques.

La France n'est latine que par hasard, par raccroc, par défaites, en réalité elle est celte, germanique pour les trois-quarts. Le latinisme plaît beaucoup aux méridionaux francs-maçons. Le latinisme c'est tout près de la Grèce. La Grèce c'est déjà de l'Orient. L'Orient c'est en plein de la Loge. La Loge c'est déjà du Juif. Le Juif c'est déjà du nègre. Ainsi soit-il.

La bougnoulisation du blanc par persuasion latine, par promiscuités maçonniques. La France est aryenne, pas du tout juive, pas du tout nègre. La partie solide de la France, l'anti-discoureuse, a toujours été la partie celte et germanique. La partie qui se fait tuer, la partie qui produit, la partie qui travaille, la partie qui paye, est celte et germanique.

Dix départements du Nord payent autant d'impôts que tout le reste de la France. Les fusiliers bretons ont eu autant de tués (1 380) en une seule journée à Dixmude que tous les Juifs de France pendant toute la guerre.

La partie non celtique en France, cause et pontifie. Elle donne au pays ses Ministres, ses Vénérables, ses Congressistes hyper-sonores. C'est la partie vinasseuse de la République, la méridionale, profiteuse, resquilleuse, politique, éloquente, creuse.

Il n'existe aucune haine fondamentale, irrémédiable entre Français et Allemands. Ce qui existe c'est une machination permanente, implacable, judéo-britannique, pour empêcher à toute force que l'Europe se reforme d'un seul bloc, d'un seul tenant franco-allemand comme avant 843. Tout le génie de la Judéo-Britannie consiste à nous mener d'un conflit vers un autre, d'un carnage dans un autre, étripades dont nous sortons régulièrement, toujours, en effroyable condition, Français et Allemands, saignés à blanc, entièrement à la merci des Juifs de la Cité.

L'équilibre européen sous la tyrannie anglaise n'est qu'un infini massacre, à répétitions, franco-allemand.

Les bêtes du continent doivent toujours être pour la satisfaction anglaise, plus ou moins vidées, sonnées, incapables de s'arracher au joug britannique... Une Europe toujours délirante, brûlante, toujours au bord du coma, voici la force de l'Angleterre.

Le conflit franco-allemand est la condition même, l'industrie suprême de l'Angleterre.

C'est de la prospérité anglaise toute cuite.

Le conflit franco-allemand repousse rituellement de ses cendres. C'est du Phénix.

Elle a pas besoin de se cailler l'Angleterre. Chaque génération franco-allemande repique au massacre dare-dare, toujours plus conne, plus cocue, plus combustible, toujours encore plus impatiente de se faire roustir, anéantir dans les embrasements cataclysmiques juifs.

Il me semble que c'est assez net. Je suis pas très partisan des allusions voilées, des demi-teintes. Il faut tout dire ou bien se taire.

Union franco-allemande. Alliance franco-allemande. Armée franco-allemande.

C'est l'armée qui fait les alliances, les alliances solides. Sans armée franco-allemande les accords demeurent platoniques, académiques, versatiles, velléitaires... Assez d'abattoirs ! Une armée franco-allemande d'abord ! Le reste viendra tout seul. L'Italie, l'Espagne par-dessus le marché, tout naturellement, rejoindront la Confédération.

Confédération des États Aryens d'Europe. Pouvoir exécutif : L'armée franco-allemande. Une alliance franco-allemande à la vie, à la mort.

Alors ! et seulement alors, ça sera enfin terminé la plaisanterie judaïque millénaire, l'inépuisable croisade humanitaire, démocratique, l'incessante, l'infatigable, boucherie dite libératrice, humanisatrice, salvatrice, rédemptrice. Le Rhin, fosse commune.

Ce sera le glas de l'empire britannique, et ce sera pain béni, de la Tyrannie britannique, l'écroulement de l'Empire ! Tant mieux ! Nom de Dieu tant mieux ! La fin du cauchemar.

Tous nos malheurs viennent de Londres, de la Judéo-Britannie. Tout seuls Français, et même alliés aux Italiens, nous demeurons ce que nous sommes, les esclaves de l'Angleterre, les enchaînés aux comptoirs britanniques.

Alliés aux Allemands c'est autre chose. On file en l'air enfin nos chaînes. L'Angleterre on la déculotte, on la fixe une bonne fois pour toutes.

Nous sommes les maîtres de l'Europe.

Nous sommes les maîtres de notre destin.

Ce qui, soit dit en passant, ne nous est encore jamais arrivé.

L'alliance franco-allemande, c'est la puissance judéo-britannique réduite à zéro. Le fond même du problème atteint, enfin. La Solution.

Une seule force anti-juive en ce monde, une seule force pacifique réelle : L'armée franco-allemande.

Tout le reste n'est que fariboles, babillages, diversions, entourloupes de Juifs.

L'armée franco-allemande, quatre cents divisions d'infanterie parfaitement dérouilleuse, résolues.

Qui dit mieux ? Quoi bronche ? rechigne ? rebiffe ? récalcitre ? Travaille du sourcil ? Ergote ? Récrimine ? S'oppose ? Relève le gant ?

On attend.

Que se déclarent les fortes têtes, les grognons, les intraitables... les petits méchants...

Monsieur le Maréchal Pétain, ce n'est pas aux deux quarterons de quadragénaires artérieux combattants, fléchis, perclus, éclopés rhumatoïdes, émergés par miracle de nos sempiternels charniers franco-allemands qu'il faut maintenant stentoriser vos trop bouleversants « garde à vous » !

Mais non ! Mais non ! Monsieur le Maréchal ! Quart à gauche ! C'est de l'autre côté ! Ce sont les Juifs de la Cité ! Les Puissants de Londres ! Les démoniaques démocrates de « l'*Intelligence* » qu'il faut figer dans la trouille ! Maldonne Monsieur le Maréchal !

Vous faites erreur, Monsieur le Maréchal ! L'ennemi est au Nord ! Ce n'est pas Berlin ! C'est Londres ! La Cité ! Les casemates-tout-en-or ! La Banque d'Angleterre avec ses laquais « framboise » ! Voilà l'ennemi héréditaire ! Je connais bien les abords, Monsieur le Maréchal ! Je m'offre à vous éclairer, à vous précéder, si vous me faites l'honneur... Je connais les meilleurs passages...

Vous avez peut-être un peu peur, Monsieur le Maréchal ? Vous redoutez les aventures ?...

Ah ! Je ne vous vois pas très mordant !...

Il vous manque du monde, Monsieur le Maréchal ! Il vous manque de vrais effectifs ! Il vous manque le principal ! Les 400 parfaites divisions d'infanterie franco-allemandes.

Bien sûr ! Bien sûr !... Carence fatale !... Irréparable !... Rien à faire ! Tout est perdu !

Horriblement ! Aucune chance !

C'était pourtant la seule victoire qui pouvait nous intéresser, le sac de la Banque d'Angleterre et des Juifs de Londres, Monsieur le Maréchal ! Notre suprême recours !... Les autres victoires on s'en fout !... Elles peuvent intéresser personne, que les Juifs. C'est des victoires pour les Juifs, jamais que pour les Juifs, de carnages d'Aryens sans malice, des boucheries de plus en plus lourdes pour Aryens de plus en plus cons.

Que c'est même pas la peine du tout de leur expliquer rien du tout aux Aryens.

« N'importe quoi et vinasse. » C'est devenu le Credo suprême des Aryens de France.

C'est même ça qu'est superbe chez eux. C'est leur sublimité même, leur confiance faite masse, leur confiance faite mort.

Dites donc alors et l'absorption ? Vous en faites rien ? Luberlu ? Vous y songez pas, belle figure ? Si jamais l'on se rapproche, mais c'est réglé ! Mais c'est tout net ! Ils nous absorbent ! Mais c'est l'abomination ! C'est la flétrissure infernale ! Absorbés tout vifs, comme ça, par les boches ! Vous y pensez pas !... Mais vous en crevez pas de honte ? à l'expectative ? Proférer aux quatre vents des parjures pareils ! Vraiment des paroles de vrai fou ! Dégénéré sadique idiot ! C'est un monde ! Une alliance ? Voyez-vous ça ? Damnation ! Si l'on se rapproche... Mais ils nous absorbent ! C'est tout cuit ! Ah ! On aimerait mieux tout de suite périr de trois ou quatre mille morts, en très terrifiques batailles, avec des mouvements de menton splendides, être éventrés à qui mieux-mieux, que de survivre comme ça sous les boches, ignoblement, que de subir leur absorption ! Tout crus ! Mais c'est impossible ! Et douze siècles d'Histoire héroïque ? qu'est-ce que vous en faites ? Rien ? La France pépinière de héros ? Ventre-Dieu ! Engluée ! Absorbée ! Asservie ! Engloutie ! Alliée ! Pouah ! Vous y pensez pas Obscène !

— Pardon ! Pardon ! Ventre-Dieu ! Mais absorbés, asservis, englués, nous pouvons pas l'être davantage que nous le sommes à présent, sous Bloch, sous Blum, sous Daladier, sous Rothschild, éperdument...

Envahis, dépouillés, rançonnés, ravagés, évincés, pourris, ridiculisés, ensoldatés, bougnoulisés, nous ne pourrons jamais l'être davantage qu'en ces beaux jours de 38...

Ce franc pays pour tout dire, sans aucune exagération, n'est plus qu'une très basse colonie d'exploitation juive, une sous-Palestine, encore beaucoup plus dégradée.

Pour tout droit, pour toute liberté que nous demeure-t-il, indigènes ? Le droit (et précaire) de nous échiner sous le Juif, pour les Juifs, dans les plus rebutants emplois, ceux qui les fatiguent, dont ils ne veulent pas, qui esquintent l'homme et payent infime, et puis de crever pour les Juifs, encore, dans les guerres qu'ils nous aménagent. Et puis c'est marre, et puis c'est tout. Voilà le bilan national.

La révolte nous sied comme un gant ! Trésor de rigolade ! Nous qui sommes hypothéqués, trafiqués, survendus jusqu'aux fibres, par tous les Juifs de l'univers ! C'est à périr la bite en bouche de convulsions judicoles d'ouïr des salades aussi sorcières ! Il nous va bien d'être offusqués ! Nous ne possédons rien en propre, plus rien, pas même une chanson, à présent toutes juives.

Possédés ? Absorbés ? Nous ne le serons jamais plus, et plus honteusement qu'aujourd'hui.

En bref, la question qui se pose est celle-ci, elle est tout simple : Resterons-nous esclaves des Juifs, ou redeviendrons-nous germaniques ? À choisir.

Qu'avons-nous à perdre dans une alliance franco-allemande ? Les Juifs.

C'est une catastrophe qui se supporte. On se console. Et puis nous avons de bons exemples, parfaitement éprouvés, valables, de mariages franco-allemands. Nous l'a-t-on assez prônée l'édifiante Confédération Suisse ? Qu'est-ce qu'on attend pour essayer ?

Je n'ai jamais entendu dire que les cantons de Zurich opprimaient ceux du Tessin, que les Genévois se faisaient brimer, dépouiller par les gens de Bâle. Jamais.

*La France, chef-lieu le Vésinet.*

Mais les Juifs perdent pas leur temps. Ils vous doublent déjà de plus belle auprès des Allemands, des Anglais, des Italiens, depuis l'affaire de Munich. Ils vous donnent pendant que vous bavez, que vous installez encore, que vous posez aux « terreurs ». Cocorico !

Vous terrifiez plus rien du tout. Le sol s'effondre, vous crânouillez à droite, à gauche. L'Europe se forme contre vous. Vous en savez rien. C'est vous maintenant le prochain « tirage ». Bientôt ça sera plus la question de savoir quels seront vos alliés. Y a plus d'alliés pour les grotesques. Ça sera la question de savoir comment se débiteront vos provinces, qui va se taper la Franche-Comté, s'annexer la Normandie, repopuler l'Aquitaine, s'adjoindre la Corse et Marseille, défranciser l'Algérie.

C'est tout.

Causez toujours.

Y'a pas besoin de se frapper. La Roue tourne. Elle en écrasera, sûr, encore, des hommes et des hommes. Des millions et puis des millions. Ceux-ci, ceux-là et puis bien d'autres, ça n'en finira jamais.

Ils fonceront toujours aux tueries, par torrents de viandes somnambules, aux charniers, de plus en plus colossaux, plantureux.

Y a pas de raison que ça se termine. C'est leur nature.

Y a pas besoin de les exciter. Ils se précipitent. Personne peut jamais les retenir. Ils parlent que de leurs « avantages », ils en comprennent pas le premier mot. Ils veulent rien apprendre du tout. Ils sont fainéants d'âme et de tête. Les événements s'accompliront. Ils iront se faire écrabouiller par races entières, par continents. Ainsi de suite.

Puisqu'ils veulent rien comprendre, puisqu'ils veulent rien apprendre, puisqu'ils veulent rabâcher toujours, toujours les mêmes conneries, très bien ! Très bien ! Ils seront gâtés ! Ils passeront l'examen quand même ! à la grande kermesse des Têtus ! C'est un monde ! d'une façon toute fantastique, par prodigieux écartèlements, feux grégeois munificents, flamboyantes enrageantes mitrailleries, très extravagantes fournaises, gigantesques bengalades, pyrogénies hallucinantes. L'École mirifique !

Tout le monde sera reçu.

Nous sommes au siècle de la suffisance. Il convient de nous prononcer très fatuitement. Je vais couper les ailes d'un canard. Il volera quand même. De tous les côtés l'on m'annonce que j'ai touché des sommes formidables d'Hitler. C'est le canard classique, si j'ose dire. Je m'en fous énormément que l'on m'accuse des pires horreurs. J'ai l'habitude. C'est la bêtise de la supposition qui me blesse. Je me sens tout déprécié. Vous êtes trop cons, suppositeurs, pour inventer autre chose ?

Réfléchissez un petit peu que je gagne avec mes livres, mes romans, tout simplement dix fois plus d'argent qu'il ne m'en faut pour vivre. Je connais le monde trop bien, ses façons, je l'ai pratiqué trop longtemps pour ne pas être mithridatisé en long et en large, contre les plus minimes, les plus furtives illusions, les plus fugitives faiblesses. Renoncez. Rien. Aucune prise.

J'ai mis de côté un petit paquesson pour les jours périlleux. J'ai planqué suffisamment pour n'avoir plus jamais besoin, devrais-je vivre encore cent ans, des secours de personne. Peau de vache absolue – Est-ce que je suis renseigné sur les conditions humaines ? — Pendant 35 ans j'ai travaillé à la tâche, bouclant ma lourde pour ne pas être viré de partout. À présent, c'est fini, bien fini, je l'ouvre comme je veux, où je veux, ma grande gueule, quand je veux.

Ne vous cassez pas le haricot.

Ce que j'écris, je le pense, tout seul, et nul ne me paye pour le penser, ne me stimule. Personne, ou presque personne ne peut se vanter d'en faire autant, de se payer ce luxe. Moi je peux. C'est mon luxe. Mon seul luxe. Et ce n'est pas terminé ! Je n'ai pas fini de travailler. Ma mère, à 71 ans, insiste encore pour ne dépendre de personne. Elle continue à travailler, elle gagne sa vie. Je suis pareil. Je ferai de même. Pas de fainéants dans la famille. À 71 ans j'emmerderai encore les Juifs, et les maçons, et les éditeurs, et Hitler par-dessus le marché, s'il me provoque. Qu'on se le dise. Je dois être, je crois bien, l'homme le moins achetable du monde. Orgueilleux comme trente-six paons je ne traverserais pas la rue pour ramasser un million à la traîne dans le ruisseau d'en face. Voilà Ferdinand, au poil. Il faudra le tuer. Je ne vois pas d'autre moyen. Le malheur, c'est que les gens vous jugent toujours d'après leurs propres tendances, et qu'ils sont presque tous à vendre, n'importe quel jour, par tous les temps.

Même les plus riches, les plus superbes. Ils arrêtent pas de s'offrir. En fait, leur vie n'est qu'un putanat perpétuel plus ou moins chichiteux, somptueux, prétentieux.

Et puis je vais vous dire encore une bonne chose. Les véritables fructueuses affaires se font à gauche, pas à droite.

C'est même curieux, à ce propos, l'Italie, l'Allemagne, voilà les deux seuls pays qui m'envoyent jamais un croc pour mes traductions. Ils traduisent et puis c'est marre.

Croyez-vous que ma petite plume ne vaille rien pour les acheteurs du Kremlin, de l'*I.S.*, de la Banque d'Angleterre, ceux-là mêmes qui couvrent constamment d'or les pires tocards ?

Et c'est tellement plus facile, plus opulent, plus licite d'en croquer du côté maçonnique !

Tous les honneurs !

Je suis assez bien renseigné. Pensez-vous, à tout prendre, que même en France il me serait très ardu de faire tomber un million par mois dans une petite caisse quelconque ? Sous un prétexte ou sous un autre ? Réfléchissez.

Cessez de me juger d'après vous-mêmes, à votre mesure.

Enfin pour terminer, si la question vous tracasse, malgré toutes mes explications, que ça vous empêche de dormir, vous obsède, venez donc m'interroger, personnellement, bien en face, carrément, l'un de ces jours.

Ne vous touchez plus dans les coins.

## DÉJÀ...

L'influence directe du juif était si puissante à la cour de Louis le Débonnaire que l'évêque de Lyon, saint Agobard, y fut traité avec le plus grossier mépris quand il alla présenter à l'Empereur ses justes doléances contre Israël. Lorsqu'il déclara au Souverain que ses fonctionnaires, à Lyon, étaient aussi terribles pour les chrétiens que doux pour les juifs, ce fut dans cette cour judaïsée un scandaleux tollé contre le grand Évêque.

Louis DASTÉ : *les Sociétés secrètes et les Juifs.*

## DERNIÈRES NOUVELLES

*l'Humanité* du 5 novembre 1938.

« Hier a été inauguré le dispensaire du Syndicat des Métaux de la région parisienne... Plus que jamais cette organisation mérite le titre que notre journal naguère lui décerna : Le plus beau Syndicat de France... Au cours du vin d'honneur qui suivit la visite prirent la parole les docteurs Kalmanovitch, Oppman, Rouquès, Lecain, Bli, etc... (tous juifs), les principaux artisans de cette réalisation.

[...] Après eux, M. Dreyfus, directeur du Service Régional des Assurances sociales, exprima sa satisfaction et déclara que l'administration... etc., etc. »

*l'Action Française* du 5 novembre 1938.

« Le Ministre de notre Éducation Nationale Jean Zay (de son véritable nom Zacharie) va présider effectivement une cérémonie remarquable.

« Lundi prochain, à 17 h 30, il se rendra à l'hôtel Salomon Rothschild pour honorer de sa présence une fête assez audacieuse où l'on doit célébrer la transformation en citoyen français du chef d'orchestre Bruno Walter, qui a quitté l'Allemagne, où son manque de titres aryens entravait sa carrière musicale. »

## BOUQUET

Le Dr Logre, médecin de l'Infirmerie spéciale de la Préfecture de Police, signale que les cas de *delirium tremens* ont presque doublé depuis l'application des nouvelles lois sociales.

L'absinthe est à présent servie dans les grands « démis » jadis réservés à la bière (*le Populaire ;* 27 décembre 37)

Les aliénistes signalent une aggravation et une augmentation des cas de folie qui placent notre pays au premier rang des statistiques européennes de l'aliénation mentale.

La « Bénédictine » dont l'action de capital payée 750 francs vaut aujourd'hui 6 860 francs a élevé régulièrement ses dividendes de 200 francs 80 en 1935 à 355 francs en 1938.

## TOUT EST DIT

Le Front Populaire, auquel tous les culots réussissent, débusque enfin toutes ses batteries et nous déclare très carrément que nous ne sommes plus désormais qu'une très sale piteuse idiote racaille, très justement asservie par les Juifs.

« *Le front Populaire de la région parisienne, ému par l'agitation antisémite qui se manifeste dans certains milieux et notamment en Alsace-Lorraine et dans la région parisienne, met en garde la population parisienne contre les agents de Hitler en France.*

*Il demande que les pouvoirs publics interdisent les journaux faisant des appels au meurtre, et déclare que, dans les heures graves que nous traversons, l'union des forces démocratiques est nécessaire pour barrer la route au fascisme international, fauteur de guerre et de misère.*

*Il rappelle que, depuis 1789, la France ne fait aucune différence entre les Français et les Juifs, et qu'il ne laissera pas s'instaurer dans notre pays les mœurs qui déshonorent les pays dits totalitaires...*

SI LES FRANÇAIS NE SONT PAS CAPABLES DE CONCURRENCER LES JUIFS QUI PRENNENT LEURS PLACES DANS TOUS LES DOMAINES, DEPUIS L'USINE JUSQU'AU GOUVERNEMENT, C'EST QUE LE JUIF EST MIEUX DOUÉ ET, PAR CONSÉQUENT, IL EST JUSTE QU'IL COMMANDE ET DIRIGE LES FRANÇAIS INFÉRIEURS À LEUR TACHE. »

(Motion votée à l'unanimité par le Front Populaire de la Région Parisienne, le 23 septembre 1938).

À quand nos rouelles ?

## Ⓞmnia Veritas

Omnia Veritas Ltd présente :

## Les Pamphlets de Louis-Ferdinand Céline

« ... que les temps sont venus, que le Diable nous appréhende, que le Destin s'accomplit. »

**Un indispensable devoir de mémoire**

## Ⓞmnia Veritas

Omnia Veritas Ltd présente :

« Mais t'es antisémite ma vache! C'est vilain! C'est un préjugé! »

## Bagatelles pour un massacre
### de
### Louis-Ferdinand Céline

« J'ai rien de spécial contre les Juifs en tant que juifs... »

## Ⓞmnia Veritas

Omnia Veritas Ltd présente :

« La France plus que jamais, livrés aux maçons et aux juifs »

## Les Beaux Draps
### de
### Louis-Ferdinand Céline

**Et les Français sont bien contents, parfaitement d'accord, enthousiastes**

## Ⓞmnia Veritas

www.omnia-veritas.com

www.ingramcontent.com/pod-product-compliance
Lightning Source LLC
Chambersburg PA
CBHW050139170426
43197CB00011B/1888